最新 「国際経営」入門

第2版

高橋 浩夫 著
Hiroo Takahashi

同文舘出版

はじめに―第2版によせて―

　数年前，某県立高等学校から文部科学省の進めるスーパーグローバル校の採択を受けたので，国際化教育のためのアドバイスをしてほしいという相談を受けた。スーパーグローバル校の指定を受けた大学は，グローバル化対応のためのさまざまな取り組みを行っており，私もスーパーグローバル校の採択を受けた大学（院）で英語による専門科目の講義を行っていたことがある。しかし，高等学校にもスーパーグローバル校の制度があることは知らなかった。よく考えると，生きた英語の習得は若ければ若いほどよく，高等学校でスーパーグローバル校の採択を受け，早期にグローバル化についてさまざまな勉強ができることは英語学習への意欲を一層高めることになると思う。

　現在，その高校では，英語教育のほかに企業のグローバリゼーションとは何かをテーマに掲げている。その1つの事例研究として，高校生でも身近に感じる日本の企業の海外進出を勉強しているという。このために，国際経営の視点から企業の国際化とは何かについてアドバイスをしてほしいというのが相談の趣旨であった。確かにMUJI（無印良品）やユニクロはロンドンやパリに出店しており，アジア各国，中国などの諸都市にも広がっている。このような海外進出は，日本食のレストラン，回転寿司，アニメやゲームに至るまで広がっており，高校生でも身近に感じることのできる日本ブランドの海外進出といえる。

　これまで，日本企業の海外進出といえば繊維，鉄鋼，造船，自動車，テレビ，機械などのいわば工場で生産する製造業が中心的役割を担ってきた。しかし近年では，これらに加えて非製造業といわれるサービス産業の海外進出が目覚ましい。

　私も国際経営に関する本をいくつか著してきたが，非製造業の海外進出にはあまり触れてこなかった。2011年に『テキスト現代の国際経営戦略』（中央経済社）を単著で著したが，その当時の海外進出と現在とでは多くの側面

で国際経営の様相が変容してきている。そこで，学生のテキストや国際経営を担うビジネスパーソンの方々の参考になるテキストを目指し，新しい課題を加えて再構成することにしたのが，本書の経緯である。

　2000年以降，国際経営の動きやその課題を追いながら少しずつ資料を集めてきた。しかし今，企業の海外進出は多国籍企業といわれる大企業のみならず，中堅中小企業，地方企業でも非常に身近な戦略になってきている。そこで本書では，企業の海外活動とのかかわり合いをできるだけわかりやすく解説し，国際経営をはじめて学ぶ学生やビジネスに携わる方を対象として，入門書の形で内容を構成した。しかし，わかりやすい内容で構成したといっても，国際経営という専門領域なので簡単には理解できない部分が多々あると思う。国際経営といえば，当初は先進国の多国籍企業の動きが主なるものであったが，今日では市場経済のグローバル化によって新しい様相を呈してきている。この理由からしても，国際経営をわかりやすく解説しようとしてもその内容の範囲は広く，1つのセオリーとして整理することは難しい。そのため本書は，国際経営のなかでも1つの重点的課題を捉えた入門書として活用していただければ幸いである。

　本書の初版は2017年9月であり，以来いくつかの大学の国際経営のテキストとして活用していただいたようである。しかし，初版から5年経過した現在，国際情勢は大きく変化している。2020年から2022年にかけて起こった新型コロナウイルス感染症によるパンデミックは，国際経営の分野にも大きなインパクトを与えた。モノやヒトの流れが地球全体で止まり，国際経営の対処の仕方が眼前の課題となった。グローバルなサプライチェーンが滞り，ヒトの往来も閉ざされた。国際経営の動きを示す海外直接投資は激減し，対日投資やインバウンド効果の期待も薄まった。われわれは現代史のなかで「起こり得ないことが起こる」ことを経験した。国際経営でも「考えられないこと」が地球上で起こっているのである。このようなことから，本書をこの時期に改訂版として出版すべきかどうか迷ったが，むしろこのようなことが起こるのが国際経営の本質であると考え直した。改訂にあたっては，各章の

内容は基本的に同じだが，国際経営の動きを示す各種データは最新のものにした。

　出版事情の厳しいなか，再販をすすめてくれた同文舘出版株式会社取締役の青柳裕之さん，専門書編集部の高清水純さんのご尽力に感謝申し上げる次第である。

　また，執筆にあたっては筆者の所属する多国籍企業学会，国際ビジネス研究学会，Academy of International Business（AIB），日本経営倫理学会，Society for Business Ethics（SBE），国際ビジネスに携わる経営人の集まりである一般社団法人企業研究会の「経営戦略担当幹部交流会議」での議論が参考になっている。

高橋浩夫

目　次

第 1 章　国際経営の基本

第 2 章　日本の多国籍企業

第3章 多国籍企業の地域戦略

第4章 国際経営の発展段階と所有戦略

第 5 章　国際経営の研究開発

第 6 章　サービス産業の国際化

第7章　国際経営のCSRとサステナビリティ

第 **8** 章　国際経営の人的資源

エピローグ—グローバリゼーションとは何か

国際経営の基本

Summary

　第1章では，国際経営とは何かを理解するための基本的枠組みを解説する。国際経営の生みの親ともいわれる多国籍企業とは何か，その定義をどのように捉えるのか，多国籍企業はいつ頃どこで生まれたのか，その誕生と歴史を概観する。

　そして，今日では先進国だけでなく中国，アジア諸国，新興国でも多国籍企業は生まれている。多国籍企業は当初，天然資源確保を目的として海外進出を行っていたが，その後アメリカ，ヨーロッパ，日本を中心とする製造業の海外進出が主役になり，本格的な多国籍企業が出現した。そして近年では経済発展にとも

なう産業構造の変化によって，非製造業であるサービス産業の海外進出が盛んになっている。

　また本章では，多国籍企業を取り巻く大きな流れのなかで急速な経済成長をみせ，多国籍企業活動に新たな動きを与えている近年の中国についても解説する。

1 多国籍企業と国際経営との関係

（1）多国籍企業とは

　国際経営とは具体的にどのような経営を指すのだろうか。国内だけで経営を行っている企業は国際経営といえるのだろうか。国際というからには，国内だけではなく国境を越えた海外での経営を指すだろう。それを数ヵ国で行う場合，国籍を多数もつという意味から多国籍企業（Multi National Corporation：MNC）という。したがって，国際経営の実際は多国籍企業を経営することであり，この意味では「多国籍企業は国際経営の生みの親」ともいえる。

　企業が国境を越えて海外で経営を行おうとすると，国内とは違ったさまざまな経営の難しさに遭遇する。経済環境の違い，社会環境の違い，政治環境の違い，経営環境の違い，伝統文化，宗教上の違いなど，さまざまな問題に突き当たる。本章では，国内だけで行っていれば安泰かもしれない企業が，なぜ異文化圏である海外に出て経営を行うのか，海外で成功する経営とはどのような手法なのか，いまや多国籍企業は数ヵ国での経営を越えて地球規模でグローバルな事業展開を行っているが，その経営とはどのような手法なのかについて触れていきたい。

　多国籍企業のルーツといえばアメリカである。アメリカは 1960 年代はじめ，現在の EU（European Union）の前身となるヨーロッパ経済共同体（Europe Economic Community：EEC）や南アメリカ，アジアなどの地域に進出して事業活動を行うための海外投資を行っていた。このような多国籍にまたがるアメリカ企業の経営行動を，当時の産業界や学会では「世界企業」（world enterprise）や「国際企業」（international corporation），あるいは「超国家企業」（transnational corporation）などと呼んでいた。このようななかで，国家間にまたがる一連の企業活動を国際経済の観点から監視する国際連

合（United Nations）が「多国籍企業」と命名し，「多国籍企業とは本拠のある国以外で生産またはその設備の所有もしくは支配している企業である。これらの企業は必ずしも会社形態すなわち私的企業である必要はない。それが協同組合，国有企業であることもありうる」と規定した。現在，中国の企業は急速な勢いで多国籍企業になりつつあるが，基本的には国有企業（state owned multinational）が多く海外進出していることを考えれば，この国連の定義は今でも生きているといえよう。

(2) 定量的指標

　多国籍企業を海外の数ヵ国以上で事業展開を行う企業と定義した場合，その数ヵ国とは何ヵ国以上を指すのだろうか。これは研究の対象とする企業の海外進出の度合いによって異なってくる。1960 年代，本格的な多国籍企業研究の先駆けともなったハーバード大学のバーノン教授（Raymond Vernon, 1913-1999 年）を中心とする「多国籍企業プロジェクト」は，当時のアメリカを代表する製造業のなかから，海外 6 ヵ国以上に生産拠点をもつ企業を研究対象とした。バーノン教授は，1963 年と 1965 年に『フォーチュン』誌が発行したリスト「フォーチュン 500」に掲載されたアメリカ大企業を対象にしている。さらに，この 500 社のなかで単に 6 ヵ国以上に進出しているのみならず，企業全体に占める海外売上高，利益，従業員から算出した成果基準に基づき研究の対象を定めた。

　一方で，わが国で多国籍企業を，定量的指標を用いて研究した神戸大学の吉原英樹教授は，次の 3 つの条件を満たす多国籍企業を研究対象とした。1 つ目は一部上場企業のうち，1982 年において売上高 1,000 億円以上を占めていること，2 つ目は 5 ヵ国以上に海外投資を行っていること，3 つ目は海外直接投資残高が 50 億円以上であることである。吉原教授による研究では，当時では商社 9 社，製造業 62 社の計 71 社が日本の多国籍企業にあたるという結果であった。しかし，急速な円高が進んだ 1985 年以降，日本の多国籍企業が本格化したため，現在はこの比ではない。

（3）定性的指標―経営者の国際志向（ボーングローバル企業）

　定量的指標が，多国籍企業を海外売上高や進出国数といった数量的指標を基準にした定義であるのに対し，企業の最高経営責任者（Chief Executive Officer：CEO）の経営姿勢などの数値化が難しい定性的指標から捉えた定義もある。これは，経営者の志向は国内だけの事業に留まろうとしているのか，それとも国境を越えた海外進出を目指そうとしているのかに注目した定義である。アメリカの多国籍企業の研究者であるパールミュッター（Howard V. PearlMutter, 1925-2011 年）はこれを E-P-R-G プロファイルと呼び，その類型を①本国志向型（Ethnocentric），②現地志向型（Polycentric），③地域思考型（Rejiocentric），④世界志向型（Geocentric）の4つにパターン化した（**図表1-1**）。

　①の本国志向型は海外への進出は考えず国内での事業に留まる企業，②の現地志向型は海外進出するものの，まずは現地に根差した経営を目指す企業，③の地域志向型はアメリカ，EU，アジア地域などの一定の地域をターゲットとして進出しようとする企業，④の世界志向型は，まさにグローバルな事業展開を目指した企業を指す。

　定量的な見方でも定性的な見方でも，最初は国内事業としてスタートした

■ 図表1-1 ■ 多国籍企業の指標

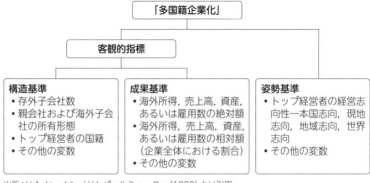

出所：H.A. ヒーナン・H.V. パールミュッター（1990）より引用。

企業がその発展過程のなかで国際志向の事業へと展開し，結果的に「多国籍企業」の形態になっていくと考えられる。企業が海外で事業を行うかどうかは経営者の最終意思決定にかかっていることを考えれば，多国籍企業を経営者の国際志向という定性的な視点から捉えることは，意味のある定義といえる。

　近年，国際経営で「ボーングローバル（Born Global : BG）企業」が注目されている。これは創業時から海外進出を行う企業のことである。BG 企業は，もともとはデンマーク，ノルウェー，スウェーデン，フィンランドなどの北欧に多くみられるが，その理由は，それらの国々は人口が少なく内需に依存できないことから，最初から国際志向を目指していたことにある。なかでも IT，バイオテクノロジー，医薬品，健康産業，エネルギー，環境などの技術集約的で高付加価値の産業が海外進出を前提に事業展開した。これらに共通していることは，創業者である経営者の国際志向マインド，つまり国際事業の企業家精神である。

　経営者の国際志向に注目した多国籍企業の定義は，日本企業にも当てはまることが多い。筆者は 1990 年代初頭，日本の代表的な多国籍企業はなぜ国際化したのか，その背景には強力に国際化を推進したリーダーがいるのではないかとの問題意識をもとに，代表的国際経営者 21 人にインタビュー調査を実施したことがある※。インタビューを通してわかったことは，経営者の国際志向，創業時の経営理念，それを具体的に推進する中心的なリーダーの存在，国際事業を夢みる力強い企業家精神があることを忘れてはならないことである。

※インタビュー調査について

　インタビューした 21 人の国際事業のトップの方々は次のとおりである。

金川千尋（信越化学工業副社長）	清水正造（NEC 副社長）
武田国男（武田薬品工業常務取締役）	御手洗富士夫（キヤノン副社長）
稲森俊介（味の素専務）	川村茂邦（大日本インキ化学工業社長）
由布震一（三菱電機副社長）	米山高範（コニカ社長）
信籐整（マツダ副社長）	横河正三（横河電機社長）
茂木友三郎（キッコーマン社長）	和田和夫（ヤオハングループ代表）

江口秀人（ヤマハ発動機社長）　　　小沢四郎（日産ディーゼル工業専務取締役）
山田孝雄（川崎製鉄専務取締役）　　後藤敏樹（トミー工業常務取締役）
田口匡男（東芝アメリカ会長）　　　楠本定平（ミノルタ　アメリカ会長）
細川益男（ホソカワミクロン社長）　北野芳則（YKK 副社長）
入交昭一郎（本田技研工業副社長）
　このインタビューは 1990 年代初頭に行われたものである。したがって，役職はその当時のものである。

　このインタビューを通して，代表的国際経営者の共通の特性を次のように考える。
①強い好奇心―未知なる新市場への人一倍の野心と好奇心。
②開拓者精神―市場を開拓し，自社製品を何としてでも売り込もうとする強い開拓者精神。
③確固とした経営ビジョン―支流から本流へ国際事業の将来構想を描く壮大な願望とビジョン。
④ロマンチスト―若いときの原体験を基点にした海外，異国へのロマン，夢を追っている。
⑤インターナショナルヒューマニスト―自然体で外国人と接することができる偏見のない人間愛。
⑥専門的交渉力―国際経験の蓄積による専門家としての強い自信と交渉能力。
⑦人一倍の勉強家―語学のハンデを負いながらも，常にそれを学習しようとする向学心。
⑧平常心の業務遂行能力―自然体で国際事業に取り組める素質のある選ばれた人物。
出所：高橋（1995）。

(4) 現代の多国籍企業の概念

　多国籍企業の概念を定量的，定性的な基準で捉えた場合，具体的にどのような企業が多国籍企業になるのだろうか。まず，多国籍企業は国際化を志向する企業であり，多数の国で事業展開を行い，海外売上，海外従業員が国内事業に対して相対的に規模が大きい経営活動体として捉える必要がある。

　しかし，多国籍企業を定量的な基準で捉えた場合，それぞれの事業規模は小さくても，5ヵ国以上に進出している企業は多国籍企業であるということができる。一方，1ヵ国しか進出していないがその事業規模は大きく，海外売上，海外従業員数も相当な人数になる場合，その企業は進出国が 1ヵ国であるというだけの理由で多国籍企業ではないといってしまってよいのだろうか。

　たとえば，自動車会社は 1 ヵ国でも進出して工場をつくった場合，現地雇用者数は 2,000〜3,000 人と大規模になる。そこでは生産技術の移転，現地技術者，工場従事者の採用，地域社会，現地サプライヤーとの構築など，さまざまな経営課題に遭遇する。このようなことからすると，海外進出国数や海外売上，利益という定量的指標だけで多国籍企業であるかないかを計ることは正しい捉え方ではないといえる。

　そこで，多国籍企業を研究対象とする場合，その定義を次のように考えたい。すなわち，多国籍企業をその活動状況からみて，海外に進出することを目的に海外子会社を設立し，1 ヵ国以上でも海外直接投資を行う形で本社の経営戦略の中枢に組み込んでいる国際的な企業体として捉えるということである。筆者はこのような視点に立って，日本の代表的な多国籍企業を業種別にリストアップした（**資料 1**）。ただし，このリストは厳密な定量的基準，定性的基準を設けて作成したものではない。これらの企業は，本書のテーマである「国際経営」の入門書の 1 つとして，日本の多国籍企業の研究の対象となり得る筆者独自の視点から選出したものである。なお，この選出は『海外進出企業総覧［会社別編］2016 年版』（東洋経済新報社，2016 年）をベースにしている。

2 多国籍企業の誕生と歴史的概観

（1）イギリスでの多国籍企業の先駆け

　それでは，多国籍企業はいつ頃どこで生まれ，どのように発展してきたのだろうか。多国籍企業の萌芽は 20 世紀の先進工業化社会であるイギリスで生まれ，その後アメリカで本格的に発展し，ヨーロッパの企業，次に日本企業の間で広まっていく。

　工業化社会の出発点ともいうべき機械文明の発明発見は，18 世紀半ばのイギリスで起きた産業革命（Industrial Revolution, 1760〜1840 年代）が最初

である。イギリスは工業化のために海外から原料を輸入し，それを製品とし
て輸出する加工貿易の先駆けとなった。そして，資源の輸入のために海外の
事業拠点となるところに海外投資を行った。20世紀初頭の1914年には，イ
ギリスは世界の対外直接投資残高の45%を占めていた。

　当時のイギリス企業は，フリースタンディング企業と呼ばれる海外事業を
目的として設立された企業であり，植民地であったアジア，アフリカ，中南
米などの国々での資源開発を中心としていた。これは国境を越えた植民地で
の多国籍にまたがる先駆的経営という意味で「古典的な形態の多国籍企業」
（ジェフリー・ジョーンズ 1998）ともいわれる。

　産業革命発祥の地として，イギリスは繊維製品，石炭，鉄鋼，造船などの
産業において圧倒的優位性を保持し，1850年にはイギリスの工業製品は世界
の輸出量の43%を占めていた。しかし，その後この工業化の波は国内に留ま
らず西ヨーロッパやアメリカへと伝播していく。イギリスは産業革命による
製造業の確立により，当時の世界の総工業生産高の3分の1を占めていた。

■ 図表 1-2 ■ 1900年代からの世界の対外直接投資割合　　　　（単位：%）

	1914年	1938年	1980年	1993年	2010年	2015年	2020年
イギリス	45	40	15	12	7	7	9.7
アメリカ	14	28	40	26	23	28	20.8
ドイツ	14	1	8	9	6	6	8.9
フランス	11	9	4	9	5	5	5.8
オランダ	5	10	8	7	4	5	3.3
他の西欧諸国※	5	3	10	10	6	7	5.4
日本	*	*	7	13	4	5	4.6
スイス	*	*	*	*	5	5	5.1
中国	*	*	*	*	1	5	3.3
その他	6	9	8	14	39	27	33.1
合計	100	100	100	100	100	100	100

※他の西欧諸国とはベルギー，デンマーク，イタリア，スペインのことを指す（2020年はスペインと
　スウェーデン）。
出所：1993年まではジェフリー・ジョーンズ（1998）pp.48-60をもとに，2010年，2015年は
　　　OECD（2017）の数字をもとに，2020年はジェトロ（2021）の数字をもとに筆者作成。

そして最初の工業国であったことから，国際経営の萌芽期にはビジネスにおいて卓越した地位を築いていたといえる（**図表 1 - 2**）。

（2）アメリカ多国籍企業の本格化

アメリカの工業化はイギリスよりも 100 年遅れて，19 世紀後半からはじまった。1914 年，イギリスは世界の直接投資の 45％を占めていたが，そのときのアメリカの対外直接投資は 14％であった。しかしその後，アメリカはイギリスの産業革命で培った科学技術を吸収し，独自の製品開発，生産技術，販売技術を開発する。

大量生産技術の先駆けとなったヘンリー・フォード（Henry Ford, 1863-1947 年）のベルトコンベアシステムによる組立工場の完成は 1913 年である。フォードによる大量生産技術の発明は 20 世紀工業化社会の原型となり，この生産方式による海外での事業活動は多国籍企業の経営展開の基礎となった。

アメリカ製造業における多国籍企業の先駆けとなったシンガーミシンのスコットランド工場の設立は 1877 年のことである。これを機に，アメリカの製造業は西ヨーロッパ，ラテンアメリカ，アジアへと徐々に海外投資をはじめるようになる。ちなみに，大量生産システムを確立したフォード自動車が日本へ進出し，横浜へ工場を設立したのは 1925 年である（戦後，フォードは横浜工場を閉鎖し，それを引き継いだのが日産自動車の前身となる）。

第 2 次世界大戦後，アメリカの多国籍企業は大戦によって荒廃したヨーロッパ経済の復興のために大規模な海外投資を行った。多くのアメリカ多国籍企業がヨーロッパに進出し，海外投資の流れはイギリスからアメリカへと移っていった。アメリカの海外投資残高は 1950 年代から急速に増えはじめ，1980 年にはイギリスが 15％であるのに対し，アメリカは 40％を占めるまでになった（**図表 1 - 2**）。そして，1990 年代になるとアメリカは 26％，イギリスは 12％，ドイツ 9％，フランス 9％，オランダ 7％，そして日本は 13％となる。その背景には，1985 年を契機とする急速な円高によって，日本企業の海外進出が本格化しはじめたことが関係している（第 2 章参照）。

2000年代になるとそれらの国の海外投資比率はそう大きく変わっていないが，日本の比率が低くなっていくのと反対に，そのほかの国々，そして中国の比率が上がっていく。そのほかの国々とは韓国，台湾，シンガポールなどのアジア諸国や，BRICsと呼ばれる新興国のことを指し，これらの国に企業は海外進出をはじめている。特に中国は，もともと国有だった企業が民営化した形で大規模な海外投資をはじめている。これまで多国籍企業といえば先進工業国の経営形態を指していたが，現在は新興国といわれる地域にまで広がっている。

(3) アジア，新興国の多国籍企業（グローバル企業）

2020年代の世界の多国籍企業ランキングをみると，2021年の場合，アメリカ121社に次いで中国は124社になっている（**図表1-3**）。日本は，2010年以前はGDPや多国籍企業のランキングでアメリカに次ぐ第2位を誇っていたが，いまやGDPのみならず多国籍企業数においても中国に抜かれることになった。

■ 図表1-3 ■ 世界のグローバル企業上位500社の国別分布

	1981	1991	1996	2001	2010	2016	2021
アメリカ	242	157	162	197	139	134	121
EU	141	134	155	143	149	95	112
日本	62	119	126	88	71	52	53
カナダ		9	6	16	11	11	13
韓国		13	13	12	10	15	14
中国			3	11	46	103	124
スイス		10	14	11	15	15	14
オーストラリア		9	5	6	8		5
ブラジル		1	5	4	2		7
その他	55	48	11	12	49	75	37
合計	500	500	500	500	500	500	500

※ 2021年度のEUの内訳はフランス31，ドイツ27，イギリス22，オランダ13。
出所：Fortune（2021）より引用。

　そのほかの地域でいえばインド，ロシア，ブラジル，アジア諸国が積極的に海外投資をはじめている。これまでアジアの多国籍企業といえば主に華人企業であった。華人企業とは，中国本土以外に居住する中国系の人々が経営する企業であり，その特色は家族企業である。家族企業は「資本と経営の分離」が行われない形で，創業者一族が株式のほとんどを所有して経営の実権を握っている。業種としては金融，不動産，商業などのサービス産業と製造業に分かれるが，香港を含めた東南アジアの華人企業はサービス産業が多く，台湾，韓国企業には製造業が多い。**図表 1-4** は近年のアジア，中国の代表的な多国籍企業である。

■ **図表 1-4** ■ アジアの主要多国籍企業

韓国	サムソン電子：電機，現代自動車：自動車，LG：電機，化学，SK：情報，ポスコ：鉄鋼
台湾	台湾積体電路製造（TSMC）：半導体，鴻海（ホンハイ）精密工業：精密機器，台湾プラスチック：化学，統一企業：食品・流通，エイサー：情報機器
シンガポール	シンガポールテレコム：通信，ウイルマー・インターナショナル：農業，キャタピランド：不動産，グローバル：ロジステック，プロパテーズ：倉庫，セイコープ インダストリーズ：複合企業
インドネシア	ユニリーバ・インドネシア：日用品，アストラ・インターナショナル：複合企業，カルベ・ファルマ：製薬，バンク・セントラル・アジア：金融，グダン・ガラム：タバコ
タイ	タイ石油公社：石油・ガス，アドバンスト・インフォ・サービス：通信，サイアム・セメント：セメント，CPオール：小売，タイ・ビバレッジ：飲料，チャルン・ポカパン・フーズ：食品
マレーシア	メイバンク：金融，サイムダービー：農業，ペトロナスケミカル：化学，アクシアタグループ：通信，YTL：複合企業
フィリピン	SMインベストメイツ：小売，SMプライム：不動産，JMサミット：複合企業，ユニバーサル・ロビーナ：食品，GTキャピタル：複合企業
中国	中国石油天然気（メトロチャイナ）：石油・ガス，アリババ集団：ネット，中国石油化工（シノペック）：石油・ガス，中国通信（CITIC）：複合企業，中国通信：通信，ジャーディン・マセソン（香港）：複合企業，美的集団：電機，宝山製鉄：鉄鋼，東風汽車集団：自動車，聯想集団：情報機器，上海汽車：自動車

出所：『日本経済新聞』「「Asia300」企業の一覧」（2015 年 11 月）をもとに筆者作成。

(4) 製造業から非製造業へ

　海外直接投資を分野別にみると，1914年の世界の投資は天然資源が半数以上を占めているが，1978年では製造業が半数以上，そして1993年になるとサービス産業が多くなる。今日では，世界の海外直接投資の半分以上はサービス産業である。

　多国籍企業という言葉は1960年代に生まれたが，それは主に製造業であるアメリカの企業が海外進出を積極化しはじめたことが背景にある。これまでの世界の海外直接投資を分野別にみると，天然資源の比率は100年前に比べ現在では極端に減り，製造業の海外進出が盛んになってきた。1970年代後半には全体の50%以上を製造業が占めていたのに対し，サービス産業は26%を占めている。そして1990年代になると製造業は39%にまで減少し，その分サービス産業が50%を占めるようになる（**図表1-5**）（1990年代以降の動向はOECDなどの統計で出されているが，各国別になっており，全体の割合はつかめない。日本の海外直接投資の分野別割合については第6章を参照されたい）。

■ 図表1-5 ■ 1990年代からの海外直接投資分野

(%)

	1914年	1978年	1993年	2020年
天然資源	55	22	11	5
製造	15	52	39	42
サービス	30	26	50	53
合計	100	100	100	100

出所：ジェフリー・ジョーンズ (1998)，『ジェトロ世界貿易投資報告 2021 年版』(p.32) をもとに筆者作成。

(5) 中国の多国籍企業

　もともと中国には私企業という概念がなく，企業といえば国有企業を意味

していた。しかし，1970 年代はじめからはじまった「改革開放」により市場経済体制へと転換され，競争企業となる私企業の設立が認められ，経済活動が一気に加速していった。

改革開放政策による強力な経済政策の推進によって，いまや中国の GDP はアメリカに次ぐ世界第 2 位を誇り，経済大国へと発展している。人口は日本の 11 倍，アメリカの 4 倍，EU の 3 倍強となる 14 億人であるから，中国が経済活動に目覚めれば世界経済へのインパクトが大きく，それが今日の中国の経済力となっている。しかし，経済活動が自由化したとはいっても，政治の仕組みは社会主義を基本にした中国共産党一党支配であり，経済活動は社会主義との混合による「社会主義市場経済」である。つまり，政治は社会主義で経済は資本主義という，これまでの歴史上にない偉大なる実験であるといえる。政治における一党支配と経済活動の自由化への変革は当初は危ぶまれたが，さまざまな問題を抱えながらも現在までのところ発展的に推移している。

しかし，中国の私企業といっても，もともとあった国有企業が私企業化したものや，改革開放政策後に自らが起業した企業もある。たとえば電機業界では，世界のトップランナーとなった家電のハイアール（Haier）やパソコンのレノボ（Lenovo），華為（Huawei），アリババ（Alibaba），TCL 集団などは，自らが起業することによって今日の世界的企業になった。一方で，国有企業が私企業化したものでは，基幹産業である石油，鉄鋼，自動車などの巨大企業が代表的である。

通常，企業が国際化して多国籍企業となるためには，一定の発展段階と経営ノウハウの修得の学習時間が必要である。ところが中国企業の場合は，一般的な多国籍企業の経営にみるような長い間に蓄積された経営ノウハウや海外進出の歴史はまだ浅い。しかし**図表 1-3**でみるように，1990 年代中頃まではまったくのリスト外だった中国企業が，2021 年にはアメリカの 121 社，日本の 53 社を追い抜いて 124 社にまでなっており，いまやアメリカや日本の多国籍企業が年々減少していくなかで増加し続けている。この勢いが続けば，

将来的には中国が最大の多国籍企業数になるかもしれない。

　かつて"Made in China"「世界の工場」といわれた中国は急速な経済発展を遂げ，今では「世界の市場」とまでいわれるようになった。一体なぜ，中国企業は急速な発展を遂げ，世界に進出することができたのだろうか。中国企業は1990年代以降，近隣のアジア諸国に少しずつ進出しはじめた。また，中国の統治下にある香港への投資は海外投資にカウントされており，その大きな部分を占めている（**図表1-6**）。このことが，中国の海外投資拡大の要因でもある。

　中国の本格的な海外投資は，2000年10月に「走出去」（海外進出）が採択され，海外進出や投資などが明確に位置づけられたことからはじまる。これを契機に，中国はその後15年足らずで急速に拡大した。**図表1-7**は2006〜2015年の中国の対外直接投資の推移を示したものである。これをみると，2006年に比べて，2015年の国有企業と非国有企業の対外投資の比率は国有企業が81.0％から50.4％に下がり，一方，非国有企業は19.0％から49.6％に逆転している。

■ 図表 1-6 ■ 中国の対外直接投資国

No.	国・地域	株式 （単位：米億ドル）	割合 （%）
1	香港（中国）	891	58.0
2	ケイマン諸島	86	5.6
3	ヴァージン諸島（イギリス）	70	4.5
4	アメリカ	60	3.9
5	シンガポール	59	3.9
6	オランダ	49	3.2
7	インドネシア	22	1.4
8	スウェーデン	19	1.3
9	タイ	19	1.2
10	ベトナム	19	1.2

出所：ジェトロ（2021）より引用。

■ 図表 1-7 ■ 中国の対外直接投資の推移

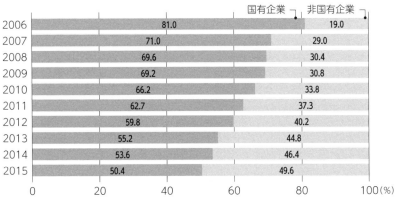

出所：中国商務部（2016）より引用。

15

第 2 章
日本の多国籍企業

Summary

　第2章では，日本の多国籍企業について考える。多国籍企業の動きをみる1つの指標となるのは海外直接投資である。海外直接投資とは何か，何のために海外直接投資を行うのか，日本企業ではいつ頃からはじまり，どのような段階を経て今日に至ったのか，歴史的経緯を振り返る。特に1985年の急激な円高を契機に日本企業の海外進出が一気に加速するが，その具体的な海外進出戦略とはどのようなものであったのかについて学ぶ。

　また，日本の多国籍企業の海外進出はどのような産業・業界からはじまり，近年ではどのような特徴があるのかについて考える。

　さらに，ここ十数年のうちに日本の多国籍企業の最も大きな市場となった中国投資についても学ぶ。日本の多国籍企業は中国に多くの子会社，関連会社をもっており，世界最大の市場といわれる中国の今について考える。また，日本企業の中国進出の歴史を年代別にみながら，現在の状況を捉える。

1 日本の多国籍企業の海外進出

　本節では日本の多国籍企業の歴史を振り返る。戦後，日本は経済回復のための国家戦略として，企業の輸出振興を奨励した。資源のないわが国は海外から原料を輸入していた。当時の欧米からみれば低賃金だったわが国で製品を生産し，付加価値をつけて欧米の先進国に輸出することは利益になり，外貨の獲得にもなった。特に，繊維産業，電気産業，自動車産業は輸出産業の花形であった。繊維産業は今でこそ国際競争力を失っているが，1960年代から1970年代にかけてはわが国からアメリカへの輸出があまりにも多いため，貿易摩擦による日米繊維交渉も何度か余儀なくされた。1970年代にはテレビ産業，1980年代には自動車産業も貿易摩擦となり，その解決策として海外現地生産が本格化しはじめた。

　多国籍企業は海外生産をすることによってはじめて，その本来の行動を現すことになる。輸出や海外販売活動を行ったとしても，本社の海外事業に対する戦略的な意味合いは，海外生産によってはじめて本格化する。1980年代半ばから1990年代後半にかけては電気，自動車，精密機械，工作機械，化学分野の製造業が本格化した。海外生産は本社との密接な連携をもとに，現地政府，現地の経済活動体，地域社会との共存による長期的視野から考えなければならない。海外生産に続く海外研究開発拠点の設立も，より地域に根差したグローバルな経営体制を構築することが必要になってくる。

　これらの活動とあわせて，出資形態も100％出資による新規投資や，相手パートナーと組んだ合弁事業形態，相手企業への資本出資，相手企業を丸ごと買収するなど，多様な所有形態へと進化していく。2000年代になると非製造業であるサービス産業の海外展開も活発化しはじめる。スーパーマーケット，コンビニエンスストア，ファストフード，アパレル，金融，保険，運輸などの幅広い業界，さらには中堅，中小企業，地方企業にあっても，海外事業を目指すユニーク企業の出現へと広まっていく。いまやわが国は，少子高

齢化という国内だけでの事業発展が期待できない状況のなかで，海外市場の拡大は日本の経済発展からしても必須の課題である。これを支えるものは人材であり，グローバル人材の育成は企業の人的資源管理（Human Resource Management：HRM）の重要課題になっている（第8章参照）。

2 海外直接投資の年代別推移

　以下，日本の多国籍企業の発展過程を年代別に詳しくみていく。**図表2-1**は1960年代からの日本の直接投資の特徴を年代別にまとめたものである。これらの過程を具体的に知るためには，海外直接投資（Foreign Direct Investment：FDI）の推移をみる必要がある。海外直接投資とは，企業が海外に永続的な経済関係を樹立する目的で行う投資のことである。具体的には，他国への経営参加を目的としてその株式を取得すること（M&Aなど）および事業目的で工場，設備，不動産などの事業資産（生産，販売，研究開発拠点の設立や不動産など）を取得し，実際に自らが経営に携わることを指す。その一方で，自らが経営には携わらず，単に海外の株式や社債を購入し，配当や値上がり益（キャピタルゲイン）を得ることを目的とする投資は間接投資（indirect investment）という。通常，国際経営において海外投資という場合は，経営を自らが行う海外直接投資を指す。

（1）海外進出の初期段階
① 1960年代

　1945年の第2次世界大戦終結によって，敗戦国となった日本はすべての資産を失った。みんなが生きていくためには，まずは経済活動を最優先にしなければならず，資源のない日本は海外から原料を輸入し，それを加工したものを海外に輸出して外貨を稼ぐ必要があった。海外とのビジネス取引は戦前では商社（trading corporation）が担っており，アメリカ，ヨーロッパ，中国，アジア諸国にも事業拠点をもち，海外との輸出入取引の先鞭をつけてい

■ 図表 2-1 ■ 日本企業の海外投資における年代別特徴と時代背景

年代	日本企業の動き	時代背景
1960	・途上国における（KnockDown：KD)工場 ・アジア諸国における輸入代替工業化政策 ・繊維などの労働集約的産業の合弁事業 ・カラーテレビの北米輸出積極化 ・自動車輸出の開始	・1ドル360円の固定レート ・高度経済成長 ・政府の輸出振興策 ・商社主導の国際化 ・ベトナム戦争の激化
1970	・先進国でのカラーテレビ，半導体，機械などの 　組立工場の設置 ・貿易摩擦の激化（テレビ，自動車） ・カラーテレビの輸出自主規制	・変動相場移行1ドル280円 ・第1次・第2次オイルショック ・日本の資金が欧米水準に達する ・資本の自由化
1980	・主要自動車メーカーが欧米で自動車生産を開始 ・貿易摩擦の深刻化（対米自動車輸出の自主規 　制，ヨーロッパにおける自動車，ビデオなどの 　対日輸入制限，日米半導体協定） ・ASEAN諸国での輸出専用工場 ・ヨーロッパ進出の積極化	・プラザ合意による急速な円高進 　行 ・バブル経済期 ・「ベルリンの壁」の崩壊 ・東ヨーロッパの社会主義崩壊 ・海外投資の拡大
1990	・イギリス，アメリカでの自動車生産の拡大 ・中国における生産活動の積極化 ・海外投資の縮小・撤退	・EU，NAFTAの形成 ・中国の改革，開放政策 ・東ヨーロッパの市場経済への移行 ・アメリカの大型景気拡大
2000	・中国進出の急拡大 ・大型M&Aによる海外展開 ・海外研究開発活動の積極化	・新興国BRICsの登場 ・中国が「世界の市場」 ・リーマンショックによる経済停滞
2010	・非製造業の海外進出 ・中堅地方企業の海外進出 ・日本の食品，飲料企業の海外進出 ・先端技術産業の海外進出 ・大型投資案件の拡大（銀行，証券，保険）	・ASEANの経済成長 ・イギリスのEU離脱 ・アベノミクス政策（デフレから 　インフレへ） ・中国経済の停滞
2020	・人件費高騰にともなうアジア諸国への工場移転 ・円安にともなう生産活動の国内回帰の動き	・パンデミックによる世界経済の 　停滞 ・ロシア-ウクライナ戦争の勃発 ・資源・エネルギーの高騰

出所：筆者作成。

た。戦争によって一時それらの活動は縮小したものの，海外とのビジネスノ
ウハウが蓄積し，戦後に国際化の先駆けとなって活動しはじめたのが今日の
商社である。

　今でこそ日本の繊維産業は国際競争力を失っているが，戦後の大企業とい
えば帝人，東洋レーヨン（現・東レ），東洋紡，鐘紡（2007年に破産）など
の繊維会社が代表的であった。わが国でつくった繊維をアメリカに輸出する

ことは，国策としての外貨の獲得，企業の成長にもつながった。しかし，急速なアメリカへの輸出拡大は，繊維産業における日米貿易摩擦を招くことになった。それに続き，輸出産業の花形となったのがテレビである。テレビはもともと，アメリカの RCA（Radio Corporation of America）が開発したものだが，日本のテレビ産業はそれを国際競争力のある製品へとブランド化させていった。その結果，日本のテレビはアメリカ市場で飛躍的な発展を遂げ，世界のテレビブランドとして揺るぎない地位を築いた。戦後の為替レートは1 ドル 360 円の固定レートであり，当時のアメリカと比べれば日本の賃金水準は低く，そこで製品をつくり，それを先進国アメリカへと輸出すれば，相当の外貨を稼ぎ出すことができた。この当時のテレビ会社といえば，松下電器（現・パナソニック），東芝，ソニー，日立，三菱電機，シャープなどが代表的だが，テレビ産業も繊維産業と同様に，日米貿易摩擦の火種へとなっていく。

　また，1960 年代になると，国内経済の復興にともなって自動車産業も国産自動車の生産を開始した。とりわけ，日本ではじめて乗用車生産をはじめたのは横浜にある日産自動車である。戦前にアメリカのフォード自動車が横浜工場から撤退し，そのあとを日産が引き継いだ。その後，トヨタ，マツダ，富士重工（現・スバル）が国産乗用車の生産をはじめることになる。また，国内生産の拡大にともなって輸出にも力を入れはじめた。自動車といえば，もともとはアメリカの国際競争力を示す花形産業であったが，1960 年代はじめからは日本の乗用車の対米輸出がはじまりだした。

② 1970年代

　海外直接投資残高は 1951 年から 1971 年の 20 年間で，当時の金額にしてやっと 44 億ドルだったが，**図表 2-2** をみると，1979 年で約 50 億ドルになり，1981 年には年間で 90 億ドル近くになった。海外投資額が多国籍企業の行動すべてを示しているわけではないが，その動きを捉える具体的指標である。多国籍企業の本質は，海外で生産活動をはじめることによってはじめて

■ 図表 2-2 ■ 海外直接投資の推移（1970 〜 1994 年までの全業種）

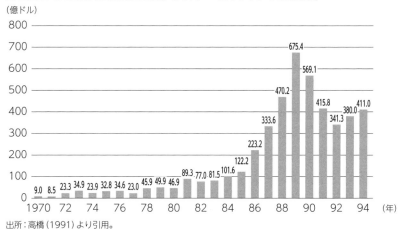

出所：高橋 (1991) より引用。

具体化してくるが，海外生産のほかに販売活動や支店事務所の設立もこの動きのなかに含まれる。生産活動の設立は投資額が大きく，多国籍企業の活動として本格化していくプロセスとして，その動きを捉える具体的指標である。

アメリカでは1970年代，繊維，テレビ，カメラ，自動車会社が自ら販売会社を設立し，本格的なマーケティング，販売活動をはじめた。さまざまな分野で貿易摩擦が起きるなかで，ソニーは1971年にカリフォルニアのサンディエゴにテレビ工場をつくった。ただし，テレビ工場といってもその生産に必要な部品の多くは日本から持ち込んだものであり，サンディエゴの工場は組立を目的とするノックダウン工場であった。その後，日本のテレビ業界はアメリカ各地での現地生産へと移り，日米のテレビによる貿易不均衡は和らいでいく。

日本経済の復興にともなって，1972年の資本の自由化は海外事業活動を本格化する契機となった。しかし，その拡大もつかの間，1973年に発生した石油危機によって，1977年頃まで海外投資は停滞することになる。石油危機は，中東の産油国が原油の価格を2倍近くに値上げしたことにはじまる。工業国といわれるヨーロッパ，アメリカ，日本などのエネルギーの基本は石油であ

り，それが一気に 2 倍の価格に上昇したことはすべての経済活動の再定義を迫ることになった。戦後 1960 年代からの高度経済成長を続けてきた日本経済は，いわゆる石油ショックを契機に低成長期へと転換していく。

第 1 次石油ショック（1973 年）に次ぐ第 2 次石油ショック（1974 年）も日本経済への大きな打撃となったが，企業はそれを乗り越えるために大胆な人員削減や投資の縮小による減量経営を行った。石油ショックによって打撃を受けた先進諸国は，自国の経済回復のために保護貿易政策に傾くことになる。わが国の高度経済成長の要因は経済活動を国家の輸出振興策のもとで行ってきたことにあるが，1970 年代からは輸出ではなく海外投資による海外市場の開拓が迫られることになった。

(2) 海外進出の本格化
① 1980年代〜1990年代前半

1980 年代に入ってから海外投資は増え続けるが，総投資額が多くなる理由は自動車，電機産業などによる 1 件当たりの投資額が大きいためである。1983年，本田技研工業は日本の自動車業界のなかでははじめてアメリカのオハイオ州に工場を設立し，その 2 年後には日産自動車がテネシー州に工場を設立した。トヨタは，1984 年にカリフォルニア州のサンフランシスコ郊外にあるフリーモントに当時の世界最大の自動車メーカー General Motors（GM）との合弁会社 NUMMI（New United Motor Manufacturing Industry）をつくり生産を開始し，その後 100％出資の生産工場をケンタッキー州につくった。このように，1980 年代は自動車産業における海外工場の設置が目立った。

年間の投資額は 1984 年に 100 億ドルを超え，その後 1985 年，1986 年にかけて急上昇，1986 年には前年比 82.7％増の 223 億ドルに達した。1987 年は333 億ドル，1988 年は 470 億ドル，1989 年は 675 億ドルと毎年 100〜200 億ドル規模の上昇を続けた。

この急速な海外投資拡大の契機となったのは，1985 年のプラザ合意（Plaza Agreement）である。これは当時のアメリカ大統領であったレーガン政権の

もとで為替安定策と拡大する日米の貿易不均衡の解決の糸口を探るため，先進5ヵ国の財務大臣がニューヨークのプラザホテルに集まり合意した為替安定策である。その結果，レートはそれまでの1ドル240円から150円にまで一気に下落し，日本企業は輸出による海外取引の是正を余儀なくされた。結果として，多くの輸出企業は現地生産によって海外市場を守る戦略転換を推し進めることになった。

急速な円高によって，表面的には日本経済が強くなり，まさに「ジャパン アズ ナンバーワン」（Japan as No.1）とまでいわれた時代だった。円はドルに対して強い通貨となり，アメリカでの日本企業のM&Aも盛んになりはじめた。1989年，アメリカの魂とまでいわれたニューヨークにあるロックフェラーセンタービルが三菱地所により買収されたことは，当時の象徴的なM&Aの例である。

1980年代の終わりは，急速な円高も起因して日本のバブル経済の最高期とも重なった時期でもある。1989年12月には東京証券取引所の株価が38,915円をつけ，株価だけから換算すると日本経済の資産価値は世界No.1の地位といわれた時代である。しかし，これを起点に日本のバブル経済は崩壊し，その後の経済衰退をたどる暗黒への道に進むことになる。

② 1990年代後半～2020年代まで

1990年代初頭のバブル経済の崩壊によって海外投資も数年間低迷し，事業の縮小や撤退を余儀なくされはじめた。そして国内経済は低迷し，大企業といえども人員の整理や解雇，事業の再構築（リストラ）を迫られることになる。このような苦難のなかで少しずつその活路を生み出しはじめたのがアジア，中国による経済成長である。

1989年12月に「ベルリンの壁」が崩壊し，東ヨーロッパ，ソビエト連邦，そして中国が市場経済体制へと移行していく。これまで欧米，日本との市場取引がなかった旧社会主義国の市場経済への移行は，わが国にとっても新しいビジネスチャンスとなり，市場拡大の間口を広げるきっかけになった。

　図表2-3は，1996年から今日までの円ベースによる海外投資動向を表している。これまでの海外投資額はドルベースで数値化されていたが，1996年からは円ベースに変わっている。これをみると，バブル経済崩壊後に低迷していた海外投資は1997年には30兆円に達し，1999年には若干の低迷はあるものの，右肩上がりで現在まで増え続けている。この図をみる限り，バブル崩壊による「失われた20年」といわれる日本経済の低迷とは裏腹に，海外投資は拡大の一途をたどっていることがわかる。しかも，2009年9月15日の世界最大の金融会社リーマンブラザーズの破綻による世界の経済危機後も，日本の海外投資は増えている。これは日本企業の大型M&Aの増加や自動車，化学，医薬などの分野の海外投資の拡大，またアジア，中国などの新興国地域への投資へと市場が広がったことが理由であろう。

■ 図表2-3 ■ 日本の近年の海外直接投資（残高）の推移

※残高は年末時点の金額。
出所：日本銀行（2022）をもとに筆者作成。

また，**図表2-4**の製造業と非製造業の比率をみると，製造業に対して非製造業の割合が年々高くなっていく傾向にある。2019年までは製造業が全体の44.7％となっているが，2020年には26.1％，2021年は15.5％と極端に落ちている。これは新型コロナウイルス感染症のパンデミックによる停滞である。他方，非製造業において2020年，2021年はその他の割合が高くなっているのは，どの業種も海外進出活動ができない状況の対策によるものである。かつて製造業における海外投資の主役的存在であった電気機械や輸送機械は，年度を重ねるごとにその割合が少なくなっている。また，非製造業では鉱業，通信業，卸売小売業，金融保険業のいずれもが年度ごとに増えている。その要因には金融保険業，通信業の大型M&Aや，卸小売業のアジア，中国への本格的進出が背景にある。製造業と非製造業の割合は，産業の高度化によりGDPや就業者数が変化してくる経済法則であるが，海外投資でも同じような変化がみられる。非製造業としてのサービス産業の海外進出については，第6章で詳しくみることにしよう。

■ 図表2-4 ■ 日本の産業別直接投資の推移

年	2005	2010	2015	2016	2017	2018	2019	2020	2021
合計（兆円）	45.6	67.7	148.1	153.6	169.1	173.9	194.3	190.4	215.4
合計（％）	100.0	100.0	100.0	100.0	100.0	100.0	100.0	100.0	100.0
製造業（％）	59.8	46.3	43.6	42.1	41.2	39.8	41.0	38.6	36.5
食料品	4.3	6.0	6.1	5.5	5.6	5.3	4.7	5.5	5.3
化学・医療	9.3	8.7	8.3	7.6	7.8	7.6	10.2	5.5	5.3
電機機械器具	14.8	8.6	5.9	5.9	5.6	5.2	5.3	5.9	5.4
輸送機械器具	17.8	9.8	8.8	8.7	8.4	8.1	7.8	8.4	7.7
その他	13.6	13.2	14.5	14.4	13.9	13.6	13.0	13.2	12.7
非製造業（％）	40.2	53.7	56.4	57.9	58.8	60.2	59.0	61.4	63.5
鉱業	2.0	6.3	7.7	6.3	5.2	5.0	4.7	4.6	4.4
通信業	1.2	2.6	5.7	6.1	6.8	8.0	6.7	6.1	5.9
卸売・小売業	11.0	14.0	14.2	13.8	14.1	14.4	15.5	17.0	17.9
金融・保険業	17.2	23.4	19.6	19.8	20.3	21.0	21.2	22.9	24.8
その他	8.8	7.4	9.2	11.8	12.4	11.8	11.0	10.9	10.6

出所：日本銀行（2022）をもとに著者作成。

3 中国進出の経緯と今日

　本節では，近年の海外投資のなかでも特に中国投資の動きについてみていく。なぜかというと，2000年代以降の日本企業の中国投資が飛躍的に拡大し，日本の海外投資国として不可欠な関係があるからである。**資料3**「日本企業現地法人数」をみると，日本の代表的多国籍企業のほとんどが中国に多くの海外子会社をもっていることがわかる。近年こそ中国経済はやや停滞しているとはいえ，バブル崩壊後の日本経済を支えた「中国特需」の流れは日本の国際経営を考える場合に特に関心を向ける必要があるし，これからも世界に躍り出た中国企業の動きを注視しなければならないからである。

（1）改革開放の思想

　前述のとおり，1960年代から1970年代にかけての日本は高度経済成長のなかにあり，海外投資も少しずつ動きはじめた時期である。しかしその頃の中国は，アメリカ，ヨーロッパ，日本との国交はなく，ソ連，東ヨーロッパとともに社会主義を標榜し，日本とは社会体制を異にする国であった。1949年の毛沢東による社会主義革命によって，中国は国家による計画経済路線を歩んできた。しかし1960年代に入ると社会主義体制は歪みはじめ，経済改革の必要性が出てきた。

　中国と日本の国交の幕開けは，1972年，当時のアメリカ大統領であるニクソンの訪中であり，日本との国交回復が実現したのは翌年1973年のことである。その後もいくつかの経済改革の試みや政治的混乱を経て，歴史的転換期を迎えるのは1976年の毛沢東の死である。毛沢東（1893-1976年）の死後，中国の一連の経済政策の基本は，鄧小平（1904-1997年）による「改革開放」政策の推進にあった。これは毛沢東の国家による計画経済とは相容れない大胆な経済改革であり，社会主義と市場経済をあわせた「社会主義市場経済」という新しい社会体制（social system）の実験である。その経済改革

のために，中国は次の2つの方法を取り入れた。

　1つ目は，民間企業の設立を奨励することである。社会主義時代には民間人による企業の設立は許されず，国家が運営する国有企業である「人民公社」しか認められなかった。人民公社のもとで皆が働き，皆が平等に富を分配するというのが社会主義の思想である。しかし鄧小平の経済改革は，国有企業を基本にしながらも，個人による企業の設立や，株式会社，有限責任会社，農民による郷鎮企業など，多様な企業形態による設立をも認めたのである。

　2つ目は，市場開放である。これは世界に市場を開き，中国に投資を呼び込む政策である。しかし中国は広すぎるため，まずは沿海州の諸都市を経済特区に指定し，そこでの経験を踏まえて内陸部に広めていこうとする段階的な市場開放策をとった。経済特区は5つの地域（深圳，珠海，汕頭，厦門，海南省）からなり，それらが徐々に成功を収めていくなかで6都市（北京，上海，天津，大連，青島，広州）が加えられた。現在，中国は23省，4自治区，4つの特別市（上海，北京，天津，重慶）で構成されている。**図表2-5**は改革開放当初の沿海州地域の経済特区である。

(2) 改革開放から1980年代後半

　1972年の国交回復によって日本と中国との友好経済関係がはじまり，日本企業の中国進出は主に商社を通じた間接貿易の形で行われた。しかし，当時はダミー商社と呼ばれる大手商社の分身となる商社を含めて，中国政府から特別の許可を受けた「友好商社」が貿易取引を委託された形だった。

　改革開放政策によって，日本と中国との積極的な産業協力も行われることになる。このときの中国は「4つの現代化」実現のために日本，アメリカ，ドイツ，フランス，イタリア，スイスなどの海外から多数に及ぶ大型プラント技術設備を導入し，日本もその主要な協力相手となっていた。

　「4つの現代化」とは①カラーテレビの国産化プロジェクト，②肥料プラント，③石油化学・製鉄所プロジェクト，④合成皮工場プラントのことである。なかでも，日本企業による産業技術協力で代表的なものは，新日本製鐵（現・

■ 図表 2-5 ■ 中国の沿海地域周辺

※中国の行政単位は 4 自治区, 23 省, 特別市は上海, 北京, 天津, 重慶の 4 市。

新日鉄住金）の「上海宝山製鉄所」のプロジェクトである。このプロジェクトは規模が300億円（当時の外貨換算で176億ドル）という中国にとって非常に大がかりなものであった。新日鉄との契約は1978年に調印され，1985年はじめに工場が完成し，同年9月に第1溶鉱炉の火入れ式が行われて稼働した。

また「カラーテレビ国産化プロジェクト」は，カラーテレビを構成する5つの部品（中国で5大部品と称されるブラウン管，集積回路，チューナー，フライバックトランス，プリント基板）を国内で生産し，組立て，完成させるテレビ工場を設けるというプロジェクトである。複数の日本企業から中国の工場に生産ラインと技術が移転され，設計，部品製造から完成品に至るまで，中国国内で一貫した生産体制が構築され，以降の中国テレビ産業の国際競争力を高める大きな役割を果たした。

(3) 1990年代〜2000年代初期

1992年以降，数多くの辺境地域にある都市の対外開放と，内陸部のすべての省都，自治区の開放が進められ，経済特区は一部の地域から全地域に広がった。この取り組みは対外貿易，外資の導入においても大きな成果を上げ，それまで特恵関税制度によって世界から優遇措置がとられていた中国が，2001年のWTO（World Trade Organization）への加盟によって世界と平等な経済取引を行える国になった。

WTOへの加盟は中国製品の世界経済へのアクセスが容易になると同時に，外国製品およびサービスの中国市場へのアクセスも容易になる。つまり"Made in China"製品を海外へ輸出することが容易になる一方で，外国企業が中国で事業を行うことも容易になるのである。WTOの加盟により中国は一気にグローバル化の波に乗り，世界経済の一員へと組み込まれることになった。そのため外資企業は，中国に低賃金を軸とした労働集約的な工場をつくり，これが，当時の中国を「世界の工場」と称することにもなった。

「世界の工場」としての中国が，対外開放として推し進めた政策は加工貿易

である。加工貿易は，外資企業が原材料，資材などを中国企業に提供し，中国側が外国側の要求する品質，デザインなどに基づいて加工したあと，外国側がそれを引き取り，中国に加工賃を支払うという形態である。中国側は輸出振興のため，外国企業の加工貿易に対して税制面などで優遇した。そのため，多くの多国籍企業がこれらの優遇策と中国の安い労働力を活かして，中国を輸出のための生産基地として活用したのである。

また，中国への進出方式も多様になっていった。当初は合弁形態しか認められなかったが，1990年代以降は主にサービス産業で行われる「合作」，そして1990年代後半になると100％出資にあたる「独資」も認められるようになった。

(4) 2000年代以降

2001年，中国がWTOへ加盟したことを契機にさまざまな規制が緩和され，中国経済が一段と開放されるなかで，さらなる投資を目指す「対中ブーム」が起こり，中国進出は生産拠点だけではなく，市場獲得を目指した販売拠点の設立も多くなっていった。これは，かつて日本企業が欧米先進国へ進出する際の，最初は販売拠点の設立を行い，現地市場を形成したあとに生産拠点の設立を行うといった発展段階とは異なっている。中国では低賃金労働を目的とした生産拠点をつくり，それによる経済発展によって消費市場を形成し，その上で販売活動に力を入れていく方法をとった。

2000年代になると日本からは銀行，コンビニエンスストア，スーパーマーケット，小売業などのサービス産業の進出も活発化する。2004年には有人宇宙船を打ち上げるほどの国力をつけ，2008年には北京オリンピックの開催，2010年には上海万博の開催など，改革開放路線から四十数年が経ち，今日の中国の経済規模は世界を揺るがすほどになっている。その結果，GDPで世界第2位を長年誇ってきた日本は，2010年に中国に抜かれた。

中国は人口からして日本の約11倍ということもあって，成長すれば経済規模は大きな勢いをもつ。たとえば，人口が巨大だということは携帯電話をも

つ人も多く，その加入数は2006年には4億台に達し，この時点でアメリカを抜いて世界第1位になっている。インターネットの契約者数をみても，2005年から1年間で19.4%増の1億2,300万人に達している。また，自動車生産量は2006年7月までに413万台に達し，そのうち乗用車は296万台で全体の70%を占めている。ちなみに，現時点での世界の乗用車生産量の第1位は中国であり，第2位のアメリカ，日本を引き離している。2000年代以降，このような目覚ましい成長を遂げた中国は，「世界の工場」から「世界の市場」とまで呼ばれるようになったことは承知であろう。

　2000年代，中国の経済成長率は約8%と高い水準を維持してきた。しかし，発展の著しい地域は沿岸都市や経済特区と呼ばれる地域に集中し，内陸の農村地帯とは大きな経済格差が生じている。沿海州の地域と内陸部では，1人当たりのGDPでは3倍近い開きがあるといわれている。富の分配からいうと，20%ほどの人が中国全体の富の80%をもつという構造になっている。毛沢東による社会主義の建設は富の平等を目指したが，改革開放政策によって貧富の格差を生み，それが今の中国社会の最大の課題になっている。

　さらに2020年以降の中国経済へのインパクトは，現在のゼロコロナ政策によりGDPの成長率は急激な変化がみられる。**図表2-6**は国際貿易投資研

■ 図表2-6 ■ 中国の実質GDP成長率の推移

※2020～2021年は国家統計局の算出による2年平均の数値。
※2022～2023年は国際通貨基金（IMF）による2022年1月時点での予測値。
出所：真家（2022）。

究所特任研究員（名古屋外国語大学教授）の真家陽一氏による中国の実質
GDP成長率である。

（5）日本企業の中国進出の推移

　前述したような近年の中国経済の減速は世界経済にも大きなインパクトを
与えており，日本も例外ではない。また，低賃金労働を求めて進出してきた
世界の企業も，賃金水準の上昇と中国経済の減速を理由に，中国からの事業
の撤退や縮小を余儀なくされている。**図表2-7**は，日本の対中投資の年代別
特徴を示したものである。これをみると，年代が進むに従って多用な業種が
進出していることがわかる。

■ 図表2-7 ■ 中国の投資環境と日本企業の特性

	中国の社会環境	日本企業の中国進出エポック
1979～1985年	・改革・開放政策　・鄧小平就任（1978～1989年）　・経済特区の指定　・沿海州都市の市場開放	・宝山製鉄所技術協力　・カラーテレビの国際化プロジェクト　・対中家電輸出ブーム
1986～1990年	・沿海州地域開発戦略　・天安門事件　・江沢民就任（1989～2002年）	・繊維，雑貨，加工食品の進出
1991～1995年	・全方位大開放・規制緩和　・市場経済の憲法明文化　・外資導入優遇政策	・繊維，雑貨，食品，電気，機械，バイク，自動車の進出
1996～1999年	・外資規制の動き　・外資優遇策の削減　・外国企業との提携ブーム　・世界の工場	・繊維，雑貨，食品，電気，電子，機械，化学の進出
2000～2005年	・WTOの加盟（1991年）　・胡錦涛就任（2002～2014年・各種規制の撤廃）　・内陸投資の優遇策	・繊維，雑貨，食品，電気，電子，機械，化学，電子部品，機械部品，ソフト開発，R&Dセンター，自動車の進出
2006～2014年	・和諧社会の建設　・新労働法の設定　・企業の社会責任(CSR)の重視　・北京オリンピック，上海万博の開催	・上記の他に流通，デパート，アパレル，コンビニ，スーパー，物流，銀行の進出
2015年～現在	・習近平就任（2015年～）　・中国投資の再燃　・中国の多国籍企業　・人件費の値上がり　・内陸投資の開発重視　・中国の軍事力の脅威　・人件費高騰にともなうアジア諸国への工場移転　・円安にともなう生産活動の国内回帰の動き	・人件費の値上がりによる進出の再検討　・日中関係の摩擦　・自動車市場の拡大　・チャイナプラスワン（インドネシアなど）の検討　・パンデミックによる世界経済の停滞　・ロシア-ウクライナ戦争の勃発　・資源・エネルギーの高騰

出所：筆者作成。

33

第 3 章

多国籍企業の地域戦略

Summary

　第3章では，多国籍企業が事業展開する市場とは一体どこなのか，地域戦略の視点から考える。多国籍企業は世界各国に販売，生産，研究開発拠点を置いているが，世界の市場とはどこの地域を指すのかを設立目的との関連で考え，多国籍企業の地域戦略について学ぶ。

　まず，アメリカを中心とする北米自由貿易協定（NAFTA），ヨーロッパ連合（EU），東南アジア諸国連合（ASEAN）の3つが基本である。近年，ASEANをさらに発展させたASEAN経済共同体（AEC）の狙いについても触れ，それぞれの経済規模や現在の状況についても考える。

　また，世界の市場といわれる中国の社会主義市場経済と多国籍企業の動き，新興国市場といわれるBRICs（ブラジル，ロシア，インド，中国）の現況についても考える。

　そして，世界人口の70%以上を占め，21世紀の成長市場に発展するといわれているBOP市場とは何かを取り上げる。また，日本の地域戦略は今どうなっているのか，TPPの行方や，日本は現在2国間協定に留まっているFTA（自由貿易協定）は，TPPとどのような関係をもつのか，東アジア共同体構想とあわせて考えたい。

1 世界の主要市場

　多国籍企業が海外で事業を行う場合，どこの国，どの地域に進出するかが検討される。世界を見渡すと国土の広い国や人口が多い国，資源の豊富な国，乏しい国，陸続きの国，海に囲まれた島国，政治的に安定した国，不安定な国，これから経済成長が期待される新興国などがあり，実にさまざまな視点から地域戦略について考える必要がある。かつては植民地支配から解放されるためのナショナリズム運動（一国主義）によって多くの国が台頭していたが，現在は国家間の連携によって経済活動を活発なものにしようとする地域統合（Regional Integration）や地域主義（Regionalism）が世界経済の大きな流れとなっている。現在，地域統合は大きく分けると次に挙げる3つの動きのなかでみることができる（**図表3-1**）。

■ 図表3-1 ■ 所要地域経済圏の人口とGDP

地域・国名	加盟数	人口 （億人）	GDP （兆USドル）	1人当たりGDP （USドル）
USMCA	3	5.00	26.28	52,518
EU	27	4.47	17.89	38,234
ASEAN	10	6.73	3.34	4,965
MERCOSUR	6	3.11	2.24	7,199
中国		14.10	17.74	12,560
日本		1.26	4.93	39,300
イギリス		0.67	3.19	47,330
ロシア		1.46	1.78	12,220
インド		13.90	3.18	2,280
オーストラリア		0.26	1.64	63,460

※数値は2015年10月現在のもので，GDPは為替変動ベース。
※ USMCAは，United States – Mexico – Canada Agreement の略称。
出所：国際通貨基金（2022），および外務省（2022）をもとに筆者作成。

（1）ヨーロッパ市場　（EU）

　欧州連合（European Union：EU）は，終戦直後である1946年に6ヵ国でスタートしたヨーロッパ経済共同体（Europe Economic Community：EEC）からはじまった。その後1973年にはヨーロッパ共同体（Europe Community：EC）となり，1993年に現在のEUが誕生した。1973年のEC誕生のときにはイギリスも加わり加盟国は9ヵ国，1992年のEU誕生のときにはさらに増えて15ヵ国となる。そして2022年現在の加盟国は27ヵ国である（**図表3-2**）。

■ 図表 3-2 ■ EU 加盟国とイギリス

1999年には統一通貨であるユーロが導入され，2002年より流通している。現在ユーロが使われている国はフランス，ドイツ，イタリア，スペイン，ベルギー，オランダ，オーストリア，ギリシャ，アイルランド，フィンランド，ポルトガル，ルクセンブルク，スロベニア，キプロス，マルタ，スロバキア，リトアニア，ラトビア，エストニア，クロアチア（2023年1月以降）の20ヵ国である。ユーロ導入前のヨーロッパ各国は，陸続きであっても国境を越えればそれぞれに自国の通貨があり，国家間の取引決済はもちろんのこと，旅行者にとってもきわめて不便だった。ユーロ発足にあたっては，加盟国間の経済格差による統一的な金融政策の難しさから通貨統合の将来が心配された。しかし，ユーロ発足時に日本円とのレートで1ユーロ100円を切っていたものが，統合から4年後の2006年には150円になり，2008年の世界的金融危機のときには125円，そして近年では120円前後で推移していた。しかし，2022年11月現在は，145円前後まで下落している。

　現在，EU加盟国の人口は27ヵ国で総計4億4,732万人の経済規模であるが，近年のEUにおける大きな出来事としては，イギリスのEU離脱がある。イギリスは2016年6月23日の国民投票（離脱51.9%，残留48.1%）で離脱を選択し，2年半の歳月を経て離脱協定に基づき2020年1月31日にEUを離脱した。一方，移行期間中に締結されたイギリス・EUの通商協力協定（TCA）は2021年1月1日より暫定適用され，同年5月1日に発行した。TCAの原産地規制を満たした上で利用すればEU国内の関税を回避できる。

(2)　NAFTAからUSMCAへ

　北米自由貿易協定（North America Free Trade Agreement：NAFTA）は1992年12月，アメリカ，カナダ，メキシコの3ヵ国間で調印され，1994年1月に発効した自由貿易協定である。2016年時点で総人口4億7,900万人（アメリカ：3億2,300万人，カナダ：3,600万人，メキシコ1億2,200万）をもち，EUに次ぐ世界第2の自由貿易地域を形成している（**図表3-3**）。

　NAFTAの成立によって陸続きの北アメリカ地域の貿易は拡大し，特にメ

■ 図表 3-3 ■ NAFTA 加盟国

キシコとの取引によって相互の経済発展がなされてきている。協定の主な内容は，加盟国間の関税を撤廃して金融や直接投資を自由化すること，知的所有権の保護を図ることである。しかし，NAFTA は EU のように「通貨統合」や「政治統合」を視野に入れた強固な地域統合を目指す枠組みではなく，自由貿易を推進することにより，EU 加盟国と相互に経済を繁栄させていくことを目標としていた。

　その後，2017 年にアメリカ大統領に就任したトランプ（Donald Trump）は保護主義的政策を推し進めるためこれを見直し，新たな USMCA にアメリカ・メキシコ・カナダの 3 カ国が署名し，2020 年発効した。

(3) アジア市場 (ASEAN)

　東南アジア諸国連合（Association of South East Asian Nations : ASEAN）の歴史は 1961 年，当時のマラヤ連邦首相ラーマンがタイ，フィリピン，マラヤ連邦の 3 ヵ国で南アジア連合（Association of South Asia : ASA）を結成したことからはじまる。その後，ベトナム戦争の終結を契機に地域間協力の動きが活発化し，インドネシア，シンガポールを加えた経済連携の機運が高まった。そして 1967 年 8 月 8 日に ASEAN が正式に発足する。本部をタイの

■ 図表 3-4 ■ ASEAN 加盟国

バンコクに置き，当初はバンコク宣言という形でのスタートだった。その後さらに周辺地域の経済活動の活発化によって加盟国が増え，現在は 10 ヵ国（インドネシア，マレーシア，フィリピン，シンガポール，タイ，ブルネイ，ベトナム，ラオス，ミャンマー，カンボジア）となっている（**図表 3-4**）。ASEAN の目的は，地域内における経済成長，社会文化的活動の相互促進，政治経済安定のための連携，域内問題の解決である。

　2016 年 1 月 1 日からは ASEAN をさらに発展させた形のアジア経済共同体（Asia Economic Community：AEC）が発足した。これは 1993 年に発効したASEAN 自由貿易地域（Asia Free Trade Agreement：AFTA）を原型とする経済連携の新たな枠組みである。2003 年，AFTA は域内自由化の対象をモノの貿易だけでなくサービスの貿易や投資にも広げ，それを発展させることを目標に 10 ヵ国が合意した。そして近年新たに発足した AEC は，総人口 6 億2,329 万人，GDP は 2 兆 5,205 億ドルである。AEC は新興国としてこれからの経済発展が期待され，将来の世界経済に与える役割はきわめて大きいと予想される。AEC の主要目的は次のとおりである（**図表 3-5**）。

■ 図表 3-5 ■ ASEAN 地域と加盟国

国名	人口 (万人)	名目GDP (億ドル)	1人当たりGDP (ドル)
インドネシア	27,352	10,584	4,358
フィリピン	10,095	3,615	3,571
ベトナム	9,734	2,712	3,724
タイ	6,980	5,018	7,336
ミャンマー	5,441	762	1,216
マレーシア	3,237	3,367	11,399
カンボジア	1,672	253	1,653
ラオス	728	191	2,514
シンガポール	569	3,400	72,794
ブルネイ	40	120	44,808
ASEAN全体	66,713	30,021	4,500

※ 2021 年。
出所：国際通貨基金 (2021) より引用。

- ヒト, モノ, カネの動きを自由化, 関税撤廃し, より自由な貿易を推進する。
- ASEAN 出身者の域内移動は短期的ビザ不要とし, 熟練労働者の域内移動を促進する。
- 競争力を向上させ, 周辺大国への輸出拡大, ASEAN 域内でのさらなる成長を目指す。

(4) 南アメリカ市場 (MERCOSUR)

　南米における公用語は, ブラジルはポルトガル語であるが, それ以外の国ではスペイン語が使用されている。南米共同市場 (MERCOSUR) はスペイン語では Mercado Común del Sur (Mercosur), ポルトガル語では Mercado Comum do Sul (Mercosul) と表記される。EU と同様に, 自由貿易市場の建設を目的に南米で創設された経済連合である。具体的には域内での関税撤廃と域外共通関税を実施することを目的としており, 1991 年にアルゼンチン, ウルグアイ, パラグアイ, ブラジルの 4 ヵ国が調印して発足した。2006 年にはベネズエラ, 2012 年にはボリビアが参加している。

2 日本の状況

(1) TPP（Trans Pacific Partnership）とは

　TPP は 2003 年，シンガポール，ブルネイ，チリ，ニュージーランドの 4 ヵ国が，環太平洋の経済活動を促進するために経済連携協定に署名したことがはじまりである。2010 年 3 月からはアメリカ，オーストラリア，ベトナム，ペルーの 4 ヵ国を加えての拡大交渉が開始され，その後マレーシア，カナダ，メキシコ，日本も加わり 12 ヵ国となった。2015 年末には加盟国すべての関税 90％を撤廃し，「加盟国間の戦略的提携によってマーケットにおけるプレゼンスを上げること」を目標として包括的協定に大筋合意された。

　TPP は原加盟国の 4 ヵ国で発効している環太平洋の戦略的経済連携協定の拡大である。しかし，これに日本とアメリカが加わると加盟国の GDP の 91％を占めることになる。アメリカのオバマ政権では日本との間で厳しい交渉が進められ合意に至ったが，2017 年に発足したトランプ政権は TPP からの離脱を表明した。その後，アメリカを除く 11 ヵ国で協議が進められ，2018 年 3 月に「環太平洋パートナーシップに関する包括的及び先進的な協定（TPP11 協定）」が署名され，同年 12 月に発効した。

(2) 東アジア共同体構想

　EU，NAFTA，ASEAN といった地域経済圏について述べてきたが，それらに属していない日本の将来はどうなるのだろうか。日本はアジアのなかで唯一，急速な経済発展を遂げ，近年まで世界第 2 の経済大国を誇ってきた。しかし 21 世紀に入ってから，わが国の経済社会の成熟化のなかで，海外地域との連携を強めなければ成長は期待できないと危惧されている。そのためには近隣のアジア諸国，そして巨大市場である中国とのさらなる連携が必要である。

　アジア太平洋経済協力会議（Asia Pacific Economic Cooperation：APEC）

は，アメリカがイニシアチブをとって太平洋地域の相互発展を目指し，経済的側面から連携しようと，これまで何回もの首脳会議を重ねている。参加国は現在21ヵ国から減り，緩やかな連携ではあるが相互の利害関係も加わって，今のところ前進はしていない。

　日本の将来を考えるには，経済連携は必要不可欠である。ASEAN に加えて日本，中国，韓国が中心となって金融，政治，安全保障などの分野で連携を深め，地域連合を進めようとする構想が東アジア共同体（East Asian Community）である。域内の関税，人的往来の自由化，共通通貨の導入など，将来的には EU のような単一地域経済圏を目指している。

　もし東アジア共同体が実現すれば，総人口20〜30億人，域内GDPは11兆ドルにもなり，世界最大の経済圏となる。これは2002年当時の小泉純一郎首相が東南アジアを歴訪し，2003年に日本で開催した，日本・ASEAN の東京宣言に盛り込んだことからはじまる。しかしインド，オーストラリア，ニュージーランドを含めた16ヵ国を東アジア共同体とすべきだと唱える日本，インドネシアと，参加国を ASEAN プラス13ヵ国に限定すべきだとする中国，マレーシアとが対立しており，実現の見通しは立っていない。

3 新興国市場の捉え方

(1) BRICsとは

　BRICs とは英語の brick（レンガ）をもじり，ブラジル（Brazil），ロシア（Russia），インド（India），中国（China）の4ヵ国の頭文字を並べたもので，台頭する新興国（emerging countries）を意味する造語である。BRICs の共通点は，広大な国土，原油や鉄鉱石などの豊富な天然資源，労働力の源泉となる膨大な人口をもつことである。多国籍企業はこれらの国々の経済成長を見据え，事業活動拠点の設立を積極的に行っている。

　BRICs は NIEs（Newly Industrializing Economies）と呼ばれた新興工業地

域（香港，台湾，韓国，シンガポール）やASEANと同様に経済成長が目覚ましく，BRICsのGDPや貿易額の割合は近年急速に高まっており，世界経済に大きな影響を与えるまでになっている。BRICsは旧社会主義国であったところもあるが，経済改革を進め，その潜在力を経済成長率に反映させることが可能となった。2008年時点で先進6ヵ国（日本，ドイツ，イギリス，アメリカ，フランス，イタリア）の15％にすぎないBRICsの経済規模は，2025年には約半分の大きさになり，2040年にはそれらの先進国を上回ると予想されている。

(2) BOP市場とは

近年，BOP市場の将来が注目されている。BOPはBottom of the Pyramid（Base of the Pyramidともいう）のことで，ピラミッドの底辺部分の所得層を意味する。アジア，アフリカ諸国を中心とした発展途上国を指し，年間3,000ドル以下の底辺のクラスを指す。先進国市場が相対的に縮小するなかで，消費者に近いハイエンド製品を強みとしてきた日本にとっては，途上国中間所得層（ボリュームゾーン），さらには低所得層（BOP層）もあわせて「世界経済における新たな市場」として検討する必要性がある。

BOP層は約40億人を占め，5兆ドル規模に達するきわめて大きなポテンシャルを有する将来市場と捉えることができる。その一方で，低い所得水準に起因する貧困，不十分な生活基盤などに起因する衛星面の問題など，社会的な課題にも直面しており，その解決に資する経済協力の視点からの要請も高い（**図表3-6**）。

■ 図表3-6 ■ BOP

出所：THE NEXT 4 BILLION（2007 World Resource Insitute & International Finance Corporation）より経済産業省作成。

第 **4** 章

国際経営の発展段階と所有戦略

Summary

　国際経営はいくつかの段階を経て発展するが，それを本格化させるためには組織体制をどう編成するかが課題である。海外市場を開拓するという大きな夢を抱いた経営戦略としての国際経営は，組織体制との関係でグローバルな経営発展が可能となる。本章では，国際経営の発展段階と組織との関係について学ぶ。

　国際経営の基本は単なる輸出や海外に販売拠点をつくるだけでなく，生産拠点をつくることによってはじめて本格化する。企業の成長発展は単に一製品を扱うということではなく，成長のための複数製品，多角化事業へと拡大していくことが経営戦略なのである。本章では，事業拡大していく国際経営の発展にともなって組織体制がどのように変容していくかを考える。

　次に，企業が海外に進出する場合どのような出資戦略で海外拠点をつくるかが課題になる。これを国際経営の所有戦略という。100％出資という自らの責任で経営するのか，それとも相手とリスクを分かち合う合弁の形態なのか，海外にある既存の事業を買収して一気に国際経営を加速させるのかなど，さまざまな選択肢がある。所有戦略との関係についても言及する。

1 経営戦略と組織との関係

　国際経営とは，国境を越えた海外での経営である。企業が海外で経営を行う目的は企業の成長と発展にあり，長期的な事業を見据えて市場を拡大させるためである。近年，わが国経済の成熟化にともなってアジア，BRICs といわれる新興国などに進出する企業がみられるが，その目的は将来の成長性を戦略的に捉えた市場拡大のためである。

　それでは，経営戦略（corporate strategy）とは何だろうか。英語の strategy は，本来は軍事用語であり，大局的な判断でどこと戦うかという長期的な目標の設定を意味する。目標設定のない短期的な目先の手法（これを戦術（tactics）という）に主眼を置くだけでは，結局は競争に負けてしまう。何を目的にどこと戦うかを定め，そのためにどのような方法で目標を達成させるかを考えることが戦略なのである。

　戦略を企業経営に適用した場合，どのように理解したらよいだろうか。戦略は戦争でたとえると大局的な判断に立った目標の設定であるから，経営戦略とは大局的にみて自社の経営環境を予測し，その強みと弱みを考量しながら経営資源の重点配分を行うことである。その重点配分を誤ると，いくら目先の戦術に力を注いでも企業の長期的な発展は難しい。

　経済活動が成長期にあり，経営環境が良いときには，目先の戦術としての経営手法に手を加えるだけで成果を期待できた。たとえば，商品が売れない場合には販売，マーケティング，広告宣伝活動を強化したり，製品に改良，改善を加えたりすることで売上の向上が見込めた。ところが今日の目まぐるしく変化する経営環境においては，ただ目先の戦術に手を加えていても成長できない。イギリスで起こった産業革命を第 1 次産業革命とすれば，第 2 次は情報化社会の出現，第 3 次は IT 革命の出現である。そして今日の IoT（Internet of Things）社会，つまりすべての情報がモノにつながる社会は，第 4 次産業革命といわれている。企業はこのような産業の大きな流れをつかみ，

市場環境の変化であるグローバルの流れを汲んで経営戦略の資源配分を考えなければならない。

　いまやグローバル企業となったキヤノンを例に挙げると，設立当初（1951年）はカメラの生産，販売を事業の柱とするカメラの専業会社だった。もし同社がカメラ事業だけに依存していたならば，いつしかカメラ事業は成熟化し，同業他社の激しい競争のなかで現在のような優良企業の地位を築くことはできなかったであろう。同社はカメラを核にしながら複写機事業，情報機器事業，そして最近では医療機器事業へと多角化を進め，一方では海外事業の推進によるグローバル化戦略を推進してきた。現在，同社の事業構成は情報機器であるコンピューター関連事業が全売上の半分を占め，複写機は25％，カメラは10％，そのほか5％ほどの割合になっている。また，グローバル戦略をみると，売上比率はアメリカ，ヨーロッパ，日本でそれぞれ3分の1の割合になっている。

　経営戦略の基本は目先の事業をどうするかよりも，将来の事業を育成していくために今，経営資源をどこに重点的に配分すべきかを考えることである。しかし，将来の経営はどうなるかの予測は難しく，挑戦するには当然リスクがともなう。リスクへの挑戦は，最終的には経営トップであるCEOの決断である。日々発生する現場や管理者による意思決定とは異なり，非定型的で将来へのリスクをともなう経営戦略の決定は，最終意思決定者である経営者に課せられている最大の使命である。

　ノーベル経済学賞を受賞したハーバート・サイモン（Herbert Simon, 1916 -2001年）は，われわれ人間が日々直面する意思決定を2つの側面から捉えた。1つは定型的意思決定（programmed decision），もう1つは非定型的意思決定（non programmed decision）である。定型的意思決定は，組織におけるそれぞれの職務責任者によって日常的に行われるが，経営戦略にかかわる非定型的意思決定は，最高意思決定者であるCEOに課せられた使命である。国際経営は経営戦略の1つであり，戦略的意思決定の領域である。

　国際経営を推進するためには，それを担うヒトがいなければならない。ヒ

トとは，国際事業を担う人材を意味する。人材にはそれを推し進める現場の従事者，リーダー，それを担う責任部門，グループなどによる組織編成が必要になる。組織は，ヒトによって構成された機能合理的な指揮命令の体系である。組織論で著名なチェスター・バーナード（Chester Barnard, 1886-1961年）は，組織とは「目的達成のための人々による意識的な協働体系」であるといっている。組織目的の達成は1人でできるものではなく，みんなで協力し協働しなければ達成できない。企業にとって，経営戦略としての経営目標の達成にはどのような形でヒトを配置するか，つまり具体的にどのような組織編成を行うかが重要なのである。

これは経営戦略と組織との関係であり，組織が先か戦略が先かの問題でもある。アメリカ大企業の事業部制を歴史的に研究したアルフレッド・チャンドラー（Alfred Chandler, 1918-2007年）は「組織は戦略に従う」（Structure follows Strategy）ことを明らかにした。つまり，まずは戦略ありきで組織はそれを推進するために編成されるということである。経営戦略として大きな目標や基本方針が設定されると，それを達成するための組織構成，さらにそれを具体的に担う人材（人的資源）の配置が必要になる。この論理からすると，企業が国際経営を志向し本格的な海外進出を行うためには，まずどのような事業を海外のどこで行うかの経営戦略を策定する必要がある。本章では，国際経営と組織との関係を，国際経営の発展段階との関係でみていきたい。

2 国際経営の発展段階と組織

（1）初期の発展段階と組織

事業の推進には協働のチームワークが必要であり，このチームを組織という。国際事業を進めるには，どのような推進体制を整え，発展段階をどのように推定したらよいのだろうか。いまやわが国を代表するグローバル企業は，総売上の半分以上を国際事業が占めるようになっており，国内事業と国際事

■ 図表 4-1 ■ 多国籍企業の発展段階

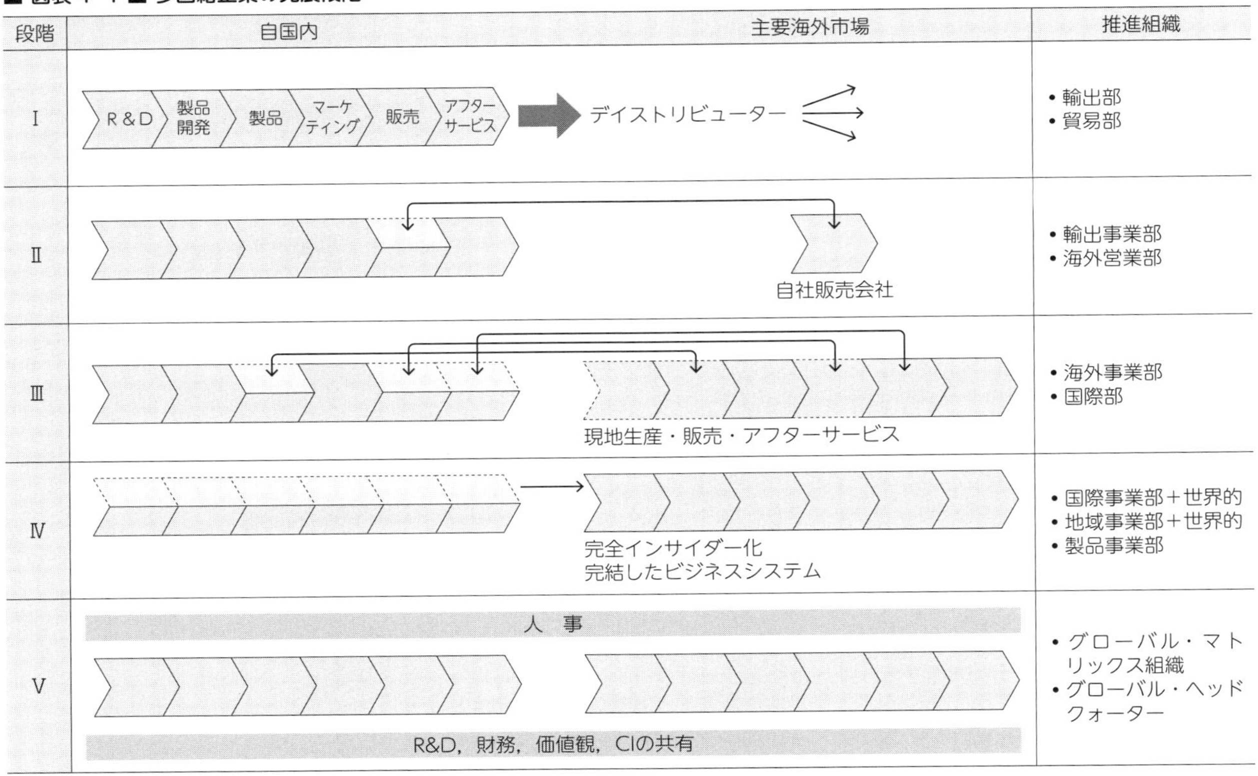

段階	自国内					主要海外市場	推進組織
I	R&D	製品開発	製品	マーケティング	販売	アフターサービス	ディストリビューター	・輸出部 ・貿易部
II							自社販売会社	・輸出事業部 ・海外営業部
III							現地生産・販売・アフターサービス	・海外事業部 ・国際部
IV							完全インサイダー化 完結したビジネスシステム	・国際事業部＋世界的 ・地域事業部＋世界的 ・製品事業部
V				人 事			R&D, 財務, 価値観, CIの共有	・グローバル・マトリックス組織 ・グローバル・ヘッドフォーター

出所：マッキンゼー社資料をもとに筆者作成。

49

業を一体化した「グローバルな経営体制」といわれる段階になっている。

　しかし，今日の国際経営体制にたどりつくまでに，いくつかの発展段階を経てきた。組織とは，目的達成のための人々による協働の体系である。国際事業の推進（戦略）のために，一体どのような推進体制（組織）を経ながら発展するのか，その段階をいくつかに分けて考える（**図表4-1**）。

① 輸出，海外販売の段階

　海外市場へのアクセスの接点は，国内でつくった製品を海外に輸出することである。その場合，輸出部門が推進役となって海外との取引の窓口になる。これが，企業にとって海外とのかかわりをもつ国際経営の第1段階である。輸出部門には，海外との取引で必要な専門的な知識（為替手形，信用状，通関手続，国際輸送，海上保険などの業務）だけでなくコミュニケーション能力として語学力も問われてくるであろう。そのため，語学（英語）が堪能な人材が輸出業務に優先的に採用配置される。輸出業務は自社で行う場合もあれば，日本独自の経営形態である商社を活用して行う場合もある。この段階では，国内にいながら海外との接点をもち，国内業務の一環として学んでいるといえる。

　輸出活動によって海外との取引業務が増えてくると，外部である商社の活用を最小限に留め，自らが直接交渉，販売，マーケティング活動を行うようになる。わが国の企業の場合は，海外で大口契約を志向する鉄鋼や繊維などの素材製品を取り扱う業界に多くみられる傾向である。さらに輸出部門のほかにも，事業部門のなかに輸出や海外マーケティングを担う部門を設置し，海外市場の拡大に力を入れるようになっていく。

② 海外直接販売の段階

　輸出活動の推進部門は本国本社である。そのため，海外との具体的な取引が仲介業者によって行われる本社と海外企業との関係は，間接的関係にあるといえよう。しかし，輸出によって確保した海外市場をさらに発展させるた

めには，自らの推進体制をもとにした海外の活動拠点をつくっていかなければならない。そのために設置されるのが海外販売会社である。これは単なる販売事務所とは異なり，現地での販売活動，マーケティング，販売後のアフターケアを主目的とした本格的な販売活動拠点である。

　例として挙げられるのは，いまや世界的ブランドとなってグローバルな事業展開を行っている日本の自動車産業である。1960 年代中頃から輸出をはじめ，自動車王国であるアメリカにも日本車を輸出することになったが，これは国家の輸出振興策にも適う，日本の産業政策の１つでもあった。この一環として，自動車メーカー各社がアメリカ市場をターゲットに輸出活動をはじめた。しかし，当時のアメリカにおいて日本車は「安かろう，悪かろう」のレッテルが貼られ，販売活動は苦戦を強いられた。日本の自動車産業はこれに立ち向かい，現地に本格的な販売拠点をつくりながら徐々にアメリカ市場を開拓していく。

　このように，企業の国際事業における第２段階では，まず海外現地に本拠地となる販売会社をつくり，その本格的な活動のために本国からの派遣者（expatriate）を活用し，その使命を果たす体制を整えていく。この段階で派遣者の多くは販売拠点でのマーケティング活動に携わり，同時に，現地のマーケット事情に詳しい現地人（local employee）も雇用されることになる。

③ 海外生産の段階

　第３段階は海外生産である。海外生産とは工場を現地につくることであり，国際事業の長期的な展望を見据えて現地市場をさらに拡大させるために不可欠な課題となってくる。しかし，工場設立にあたっては技術的・社会的課題をともない，投資額からいっても販売拠点設立の比ではなく，本社の経営戦略と直結する多様な課題と直面することになる。

　たとえば自動車会社では，１つの工場をつくるために要する投資額は 1,000億円以上といわれている。工場の設立にあたっては，生産活動にともなう技術的なノウハウ，エンジニアリング部門，生産管理の知識，現地サプライ

ヤーとの関係，工場立地にともなう地域社会との関係など，さまざまな課題に直面する。

これはいわば国際事業の本格化段階であり，この段階への挑戦によって多国籍企業へのステップアップが決まる。この段階への挑戦は，経営者の国際志向の意思決定（戦略的意思決定）である定性的指標な基準（第1章参照）に深くかかわってくる。このような課題に挑戦し，海外生産活動を行う段階を踏んだ企業こそが，多国籍企業の行動であるということができる。

それでは，国際事業を推進するための組織体制はどのようなものなのだろうか（**図表4-2**）。海外での生産は，本社の生産部門の協力なしにはできない。また，海外生産に踏み切る段階では，国際事業が1つの事業部門となってそれらの活動を統括するような独立の組織体制が明確化してくる。

このような流れのなかで，わが国の多くの企業において国際事業を統括する組織としてつくられたのが海外事業部である。これを統括する責任者は海外事業部長であり，トップ・マネジメント責任を置いた地位が取締役海外事業部長（現在は執行役員，海外事業部長と呼ぶことが多い）である。海外事業部は輸出活動の支援に加え，海外現地法人における販売，生産会社の管理支援，海外情報の収集，海外事業企画といった海外活動に関する一切の責任

■ 図表4-2 ■ 海外事業部の組織

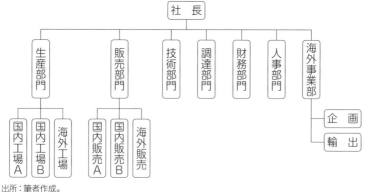

出所：筆者作成。

を担うことになる。ただしこの場合、一切の責任として収益責任をもつかもたないかでその役割は変わってくる。つまり、誰に対して責任を負うのか、レポートトゥー（report to）と呼ばれる組織体制である。海外販売会社が本社の販売部門とつながり、海外生産会社が本社の生産部門と直接的な連携をもっている場合は、それぞれが直接的関係で収益責任を負い、海外事業は海外事業全般の支援業務、スタッフ的な役割を担うことになる。

(2) グローバルな経営段階
① 海外研究開発と国際事業部の段階

　第3段階における海外生産では、基本的には本社で研究開発された製品を現地でつくる。しかし、海外販売、生産会社がつくられることによって、現地市場でのブランドの確立やさらなる拡大を目指して、現地のニーズに適合した製品開発が必要になってくる。これが、海外研究開発の段階である。

　海外研究開発は、現地の生産段階において求められるような従業員層とは異なり、高度な専門領域をもった知識労働者を必要とする。したがってこの段階は、知識労働者も確保できる現地企業としてのブランド力があり、国際事業の発展段階からしても一定のステップと時間がともなう活動であるといえる。これによって製造業の、研究開発―生産―販売―アフターサービスまでの価値連鎖（value chain）が完結する。

　また、この段階で海外販売、生産子会社が主要地域に設立され、それらの拠点が数十ヵ所以上に及ぶことになる。そして国際事業の規模が国内事業と同じくらいになると、海外事業部をさらに格上げした形の国際事業部が設立される。これは第3段階の海外事業部におけるスタッフ的な活動を行う組織とは異なり、収益責任をもった国内事業と対等な体制をとっている。この部門の統括については、CEO が自ら陣頭指揮をとる場合もあれば、それに次ぐ責任者が担う場合もある（**図表 4-3**）。

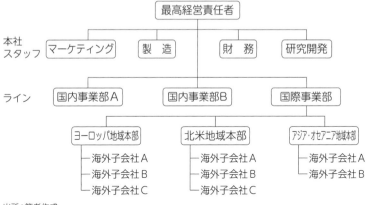

■ 図表 4-3 ■ 世界的規模の組織・国際事業部

出所：筆者作成。

② 世界的規模の製品別事業部制

　国際事業部が，世界的規模の地域別事業部から製品別事業部へと変わっていくのは，本社の経営体制が複数製品を扱うようになり，それぞれの事業分野が海外市場へと拡大していった場合である。この段階になると，国際事業部が海外事業の総括を行って組織体制を発展的に解消し，各々の事業部にその権限が与えられるようになる。そして国内事業と海外事業の両方の責任を担うことになる。これがさらに発展すると，国内外の事業について統一的に責任を負う世界的規模の製品別事業部制をとるようになる。海外子会社に対して指揮命令権をもつことになった製品事業部は，名実ともに国内外の製造販売ならびに研究開発に責任を負う世界的規模の製品別事業部制へと再編成される（**図表 4-4**）。

　世界的な製品別事業部制は，自らの事業戦略で国内外に活動の幅を広げる一方で，多国籍企業全体としてのグローバルな経営体制が課題となってくる。そこで，製品別事業部制の欠点である地域戦略や経営の現地化を進めるために考案されたのが，地域統括本部制（Regional Headquarters：RHQ）である[*]。地域統括本部制は近年の日本の多国籍企業におけるグローバルな経営体制の1つのあり方でもある。これは，地域戦略としてアメリカ，EU，アジ

ア，中国にその司令塔である地域統括本社を設立し，地域に共通する経営課題の意思決定を統一的，総合的に行うために設立された組織である。

■ 図表 4-4 ■ 世界的規模・製品別事業部制

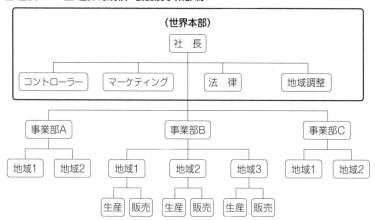

出所：筆者作成。

※地域統括本社とは

　地域統括本社は英語で Regional Headquarters（RHQ）と呼ばれ，上位概念である本国本社（corporate headquarter）もしくは世界本社（world headquarter）に相対する多国籍企業組織の機能上の組織単位である。また，地域統括本社の傘下には海外子会社（subsidiaries）があり，多国籍企業の組織の仕組みとしては本社―地域統括本社―海外子会社の関係になっている。つまり，本社から海外子会社を直接コントロールするのではなく，地域統括本社のもとに海外子会社をコントロールするのである。

　地域統括本社はアメリカ，ヨーロッパ，アジア地域のような一定の地域を単位とし，その地域の傘下にある海外子会社を統括するために考案された多国籍企業組織の1つの形態である。1970年代にアメリカの多国籍企業がヨーロッパに大挙して進出し，多くの海外子会社を設立したため，それらを統括する機能としてロンドンやパリに地域統括本社が設けられたのがはじまりである。

　この論拠をもとに，わが国の代表的な国際企業と呼ばれる電機，自動車，機械は，地域統括本社をアメリカ，ヨーロッパ，アジア（シンガポール），中国に設立し，それらの傘下にある海外子会社を統括する機能として，グローバルな経営活動を具体的に推進する体制となっている。

3 国際経営の所有戦略

　海外で事業を行うためには資金（お金）が必要である。工場や販売会社をつくったり，製品の原料となるものを仕入れたり，現地で人を雇ったりするためであり，そのためには本社からのさまざまなサポート体制が不可欠である。その際，一体誰が出資するのか，進出しようとする企業が全部出資するのか，あるいは進出先の企業との共同で出資するのかなど，課題が出てくる。このような課題を国際経営では「所有戦略」といい，進出しようとする企業が自社で全額出資する場合を「完全所有」，相互に平等で出資する場合を「折半出資」という。また，出資せずに相互の利益になるように関係をもつ場合は「提携」（alliance）という。本節では，国際経営の所有戦略を大きく3つの形態に分けて考えてみよう。

(1) 完全所有, 折半出資

　海外進出の所有形態は，その後の経営方式と深いかかわり合いをもってくる。まず，100%出資の場合は進出企業が自らの出資でリスクに挑戦できるため，経営も自社の方針で行うことができる。製造業が海外で生産工場をつくる場合などは，日本企業の強みである生産技術の移転，そして日本独自の経営方式を現地で貫くことができるため，この形態をとることが多い。また，100%出資は，新しい緑の大地である更地に工場などを建設するという意味から，グリーンフィールド（green field）ともいわれる。多くの多国籍企業は自らの経営方式を貫くため，この方式をとることが多い。

　しかし，進出国によっては国家政策によって「完全所有」方式を認めないところがある。その理由は，完全所有によって進出企業の利益のみに供するのではなく，進出国側もともに出資することによって進出国への利益にもなるようにするためである。完全所有を認めない国の多くは新興国であり，進出企業から技術や経営方式を学びたいという新興国側の意図や，経済活動を

通して進出国の経済発展に貢献する国際協力の側面からもこの方法がとられている。

　たとえば中国は1970年代以降，改革開放政策によって外資を導入する目的で，欧米企業や日本企業に中国への投資を呼びかけた。当時の中国は低賃金労働であり「世界の工場」と呼ばれていた。進出する際の経営方式としては，中国の国有企業，あるいは私有企業と組んで行う合弁形態をとったが，その後の中国経済の急速な発展によって中国の外資政策が緩和され，現在では「独資」という出資100%による完全所有方式で経営を行うことが認められている。

(2) 合併と提携

　相手，パートナーと組み，相互に共同で事業を行う形態を「提携」（alliance）という。ただし，提携といっても資本を出資して共同事業を行う場合と，資本を出資しないで相互の利益になるようにと緩やかな関係をもつ場合との2つに分けられる。

① 出資をともなう提携

　提携先と資本を出し合って新会社をつくる場合にみられ，具体的には合弁会社（Joint Venture：JV）が該当する。ただし，合弁会社といっても相手企業とどのくらいの比率で出資するのかが問題である。50%対50%の比率はイコールパートナーの関係にあり，お互いに知恵を出し合って経営を発展させていく。しかし，イコールパートナーは相互が平等という意味ではよいが，経営をうまく進めるためにはどちらかがリーダーシップをとる必要がある。そのため，問題が起きた場合にどちらかが指導権を握れるようにするために，どちらかの比率を1%でも上げる必要がある。つまり，51%：49%とした場合，51%の方が指導権を発揮するのである。51%出資側は過半数の意味からマジョリティー（majority）支配といわれ，もう一方は少数の意味からマイノリティー（minority）といわれる。

② 出資をともなわない提携

　販売提携，技術提携，そして生産提携や研究開発提携などにみられ，相互の弱点を補って全体としての相乗効果を意図した提携である。出資をともなった提携がハードな提携だとすれば，出資をともなわない提携は緩やかでソフトな提携と呼ぶことができる。たとえば，ユニクロや無印良品は，生産過程においては中国やアジアの企業と提携している。しかし，あくまでも委託側のブランドの名のもとで生産されているため，緩やかな提携である。

　このように，相手先のブランドで生産することをOEM（Original Equipment Manufacturing）といい，今日の日本企業の多くが中国やアジア各国と生産提携を結び，OEM生産を行っている。OEM生産によってつくられた製品は日本ブランドではあるものの，製品の裏側をよくみると "Made in China" や "Made in Thailand" と書かれている。汎用電気製品や衣類，家具などは，コスト削減の1つとしてOEM生産を行っている。

(3) 企業買収

　企業買収は，一般的にM&A（Merger & Acquisition）と呼ばれる。日本企業が海外に進出しはじめた1960〜1970年代当時は，企業買収というと人身売買のようなイメージがあり，企業の経営戦略としては馴染まない言葉であった。しかし同じ頃，アメリカ企業の間ではM&Aは企業成長するための経営戦略の1つであると認識され，すでに一般化していた。1980年代にアメリカの経営学者は，日本企業のさらなる成長のためにはM&Aを経営戦略の1つの選択肢にすべきだと主張していたが，時を経た今日では，M&Aは国内事業でも，海外進出の場合でも，経営戦略の1つとして一般化してきている。

　企業の成長方式には内的成長（internal growth）と外的成長（external growth）があり，日本企業の成長方式は基本的には内的成長である。内的成長とは，現在の内部にある経営資源を戦略的に活用しながら企業成長を図ることである。製造業でたとえると，経営戦略の核となる新技術や新商品開発を，自社の経営資源を使用しながら進め，漸進的に成長するというようなス

タイルである。また，企業の核となる人材は長期雇用を前提に企業内で育成され，企業の成長とともにキャリアアップする。日本の経営の特徴である「終身雇用制」は，内的成長を前提とした人材の内部資源を活用する制度である。しかしこの制度は，企業内での成長のための経営資源を確保する面ではよいが，競争が厳しくなると，成長のための経営資源を自社内だけではまかないきれなくなるという問題がある。

この問題を海外進出で考えるとどうなるだろうか。製造業において海外進出の花形であった自動車やテレビ業界などが，アメリカへ進出した場合はどうか。まず海外進出は最初のステップとして日本から製品を輸出し，次のステップで輸出先現地に販売拠点，生産拠点を設立する。このように企業は一歩一歩段階を踏みながら経営活動を学習し，そのブランドの浸透による企業成長を図っていく。しかし，サービス産業である保険や証券，銀行などは，本来的に現地の社会と一体となったドメスティックな産業である。これらの事業分野に進出するとなると，製造業のように一定の段階を踏むのではなく，まずは現地の市場に深くかかわらなければわからないことが多い。そこで，企業の進出戦略を考えようとした場合，現地の市場と密接な関連企業を買収する外部資源の活用策として企業買収が行われるのである。M&A は外部資源を一挙に活用し，早い成長が見込める有効な手段であるといえる。

（4）日本企業による海外M&A

日本企業が海外進出しはじめた頃は，M&A は企業の経営戦略としては消極的な選択肢であった。このような時代のなかで，日本企業による海外M&A の最初の事例が松下電器（現・パナソニック）である。1974 年，松下電器がアメリカ・シカゴにあったモトローラのテレビ部門を買収し，クエーザー社を設立した。その後 1980 年代になってから，住友ゴムがイギリスのダンロップ（1983 年），ブリヂストンがアメリカのファイアストンを買収した（1988 年）。バブル経済期といわれた 1980 年代後半から 1990 年代にかけての急激な円高が，海外資産の M&A を容易にしたといえるだろう。

この頃から，企業の海外進出をM&Aによって行うことが有力な経営戦略の1つとして選択されるようになった。ソニーが映画会社のコロンビアピクチャーズを買収（1989年）したり，松下電器が同じく映画会社であるMCAを買収（1990年）したりしたのもこの頃である。ところが，ニューヨークのロックフェラーセンタービルを三菱地所が買収（1989年）したことで，アメリカの象徴とされる物件までも買いあさる日本企業に批判の目が向けられるようになった。**図表4-5**をみると，1985年のプラザ合意による急速な円高進行後にM&Aが少しずつ増えているが，1980年代後半までは件数，金額ともにそれほどではない。しかし，1990年代以降から今日まで，バブル崩壊によって日本経済が停滞するなかでも，M&Aは年度において若干の増減はあるものの増加傾向にある。

　日本企業の海外進出を先導してきた製造業でグリーンフィールド進出をする場合，自動車などの装置産業の海外工場は投資規模が多額になる。ところ

■ **図表4-5** ■ 日本企業による海外M&A

出所：『日本経済新聞』(2017年4月5日)，およびMARR Online (https://www.marr.jp/genre/market) をもとに筆者作成。

が近年の海外進出は製造業ではなく，非製造業による何兆円，何千億規模の大型 M&A がみられるのが特徴である。象徴的なのが，2016 年のソフトバンクによるイギリスの半導体設計企業 ARM ホールディングスの 3 兆 3,000 億円の M&A である。このほか，銀行や証券，保険会社による大規模な海外 M&A も行われている。その理由として，国内では成長が見込めないそれらの業界にとって，その資金力と成長の活路を海外市場に求めていることが考えられる。非製造業は，それぞれの業種が国内に根づいて発展したものが多い。そこで，非製造業の事業を外的成長である M&A によって自社の経営に組み入れ，被買収企業との相乗効果を図る方法が近年の日本企業の特徴である。**図表 4-5** は最近の日本企業の M&A の金額と件数を表したものであるが，金額と件数がともに増えていることがわかる。特に 2018 年が突出した金額になっているのは，2018 年に完了した武田薬品工業によるアイルランドの製薬大手シャイアー（Shire）の 6 兆 2,000 億円の買収による要因が大きい。また，**図表 4-6** は，2000 年以降の 1 兆円以上の M&A の事例である。

■ **図表 4-6** ■ 日本企業による大型の海外買収事例

実施年	金額（円）	買収企業	被買収企業
2018年	6兆8,000億	武田薬品工業	シャイアー（アイルランド）
2016年	3兆3,000億	ソフトバンク	ARMホールディングス（イギリス）
2006年	2兆2,530億	日本たばこ産業	ギャラハー（イギリス）
2006年	1兆9,172億	ソフトバンク	ボーダフォン日本法人（イギリス）
2012年	1兆8,121億	ソフトバンク	スプリント・ネクステル（アメリカ）
2014年	1兆6,793億	サントリーホールディングス	ビーム（アメリカ）
2019年	1兆2,096億	アサヒグループホールディングス	CUB Pty Ltdなど（オーストラリア）
2011年	1兆1,086億	武田薬品工業	ナイコメッド（スイス）

出所：M&A 総合研究所（https://masouken.com/）より引用。

第 5 章
国際経営の研究開発

Summary

　本章では，国際経営の製品，技術戦略について考える。どのような製品を海外で販売するのかは，企業にとって経営戦略の要である。本来的には製品，技術の開発は本国本社で行われるが，近年では海外でも行われるようになっている。この要因は何かについて考えたい。また，企業の国際化の進展においては販売から生産，そして現在では研究開発のグローバル化が課題となっている。海外生産拠点をつくる場合はまず生産技術が問題になるが，これは本国からの技術移転の形で進められる。課題となるのは，現地の市場に適応するための製品開発，さらにグローバル化経営体制のための海外研究開発ネットワークの構築である。いまや国際的競争力のある製品，技術の開発には，本国本社だけではなく海外研究開発拠点とのグローバル研究開発ネットワークをどう構築するかが重要になっている。

　また，近年見逃せないのは新興国での研究開発のネットワークである。現在，新興国では急速な勢いで研究開発人材の育成が行われている。これまでは先進国で行われてきた研究開発が，今度は新興国で行われ，先進国に逆流するというリバース・イノベーション（Reverse Innovation）の現象も起きている。その1つの例として特に中国の研究開発状況についても触れる。

1 技術戦略の国際的関係

　海外に工場をつくる場合，それを効率的に稼働させるための生産技術が問われる。優れた品質の製品をいかに効率的につくるかが課題であるが，日本企業はこれまでも世界に負けない生産技術を培ってきた。製品のルーツは欧米にあっても，日本企業の優れた生産技術によって良質な製品を量産可能にしてきている。いわゆる「モノづくり」といわれる生産技術が，日本の製造業の国際競争力を高めてきた。たとえば自動車，エレクトロニクス，精密機器，工作機械などの製品のルーツは主にアメリカにあるが，これら製品が日本に導入され，今日では日本を代表するグローバルブランドとなっている。

　日本製品は1960年代頃から欧米に輸出されはじめたが，当時の日本製品には「安かろう，悪かろう」のレッテルが貼られ，現地では好意的に受け入れられなかった。しかし，日本企業はこれを克服すべく，絶え間ない改善・改良を重ね，品質管理に功績があった民間団体や個人に贈られるデミング賞（Deming Prize）や，品質管理運動（Total Quality Control：TQC）にチャレンジした。その結果として，日本製品の品質はいまや世界的ブランドとなり，世界の人々から信頼を得ることに成功したのである。

　技術には大きく分けて，工場の設備や生産工程を効率的に進める生産技術と，新製品・新技術の開発があり，両者には密接な関係がある。つまり，新製品や新技術を開発すれば，それをつくる生産技術の開発が必要になり，同時に既存の生産技術で新製品の生産が可能かどうかも課題になる。

　これらの生産技術や新製品・新技術の開発はどのような段階とプロセスのなかで発展するのだろうか。すべての技術は，先人によって発明・発見された基礎研究の上に成り立っている。新製品・新技術が生み出されるにはいくつかの段階を経るが，この活動全体を研究開発（Research and Development：R&D）という。それではマトリックス視点から，研究開発は国際的なつながりのなかでどのように捉えられているのかについて考えてみよう（**図表5-1**）。

■ 図表 5-1 ■ 企業における技術の国際的関係

技術／国（企業）	技術成果	技術開発資源
日 本	①技術導入	③(海外企業の)日本研究所
外 国	②技術移転	④(日本企業の)海外研究所

出所：筆者作成。

(1) 技術導入

　技術の売買・取引にかかわる海外との関係は，日本企業が海外とのかかわり合いをもった百数十年前から存在していた。それは日本企業の国際化のはじまりであった1960年代後半の製品輸出以前の時期，つまり戦後間もない欧米からの技術指導を通した国際的関係のなかからみることができる。明治維新（1867年）を契機に欧米からの機械文明（産業革命の伝播）が紹介され，海外からの技術導入によって今日の日本産業の近代化の基礎を築いてきた。当時，わが国のほとんどの産業は自主技術をもっていなかった。このような状況のなかで欧米から技術が紹介されることにより，後進にあったわが国の産業技術は発展した。長い年月と研究投資によって開発された欧米諸国の技術を次から次へと取り入れながら，日本的な技術へと応用・改良し，近代日本の産業技術基盤を形成してきた。

　当時の海外と日本との産業技術の大きな格差のなかで，まず「技術先進国」である欧米からの技術導入が政府・産業界の大きな関心事となった。そこで，海外から導入した機械文明の利器を経済発展の基礎に据えた。この場合の技術は，**図表5-1**にみるような海外から技術成果を導入する，いわば「技術導入」のカテゴリーである。

(2) 技術移転

　歴史的にみれば明治，大正，昭和の時期に欧米から導入した技術を基礎としながら，わが国産業が挑戦した自主技術の開発によって多くの産業分野で独自技術の発展もあった。なかでも鉄鋼，造船，繊維などの重機械産業，その後に続く電気，自動車，機械などの生産技術の発展によって，日本製品の国際競争力が高まった。

　"Made in Japan"である日本製品に対する信頼性が高まるなかで，今度は海外からの要請で日本の技術を海外に伝授する「技術移転」（technology transfer）が行われるようになった。1970年代，繊維産業がアジアに海外生産拠点をつくるにあたって，日本の多くの生産技術を移転した。その結果，アジアで生産された繊維製品が日本に輸出される「ブーメラン現象」が起こり，日本の繊維産業の競争力は失われていく。

　技術移転は主に発展途上国への技術輸出（プラント輸出や技術指導，ライセンシングなど）の形で，多くの場合が発展途上国への国際協力として，その国の産業育成のために行われてきた。

(3) 海外企業の日本研究所

　海外企業が日本の研究開発・経営資源を活用するため，日本に研究所をつくるケースがある。その最初の例は，1960年代はじめにアメリカのテレビ会社RCA（Radio Corporation of America）が海外企業としてはじめて横浜に研究所をつくったことである。その後IBM（International Business Machines Corporation）も，1976年に神奈川県藤沢市に開発研究所を，1985年には同県大和市に基礎研究所を設立した。このような形でアメリカ企業からは，HP（ヒューレット・パッカード），TI，GE，3M，ゼロックス，メルク，ダウ・ケミカル，ファイザーなども日本に研究所をつくるようになった（これについては，筆者が事例研究として海外企業の日本研究所へインタビュー調査を行った。1990～2000年の『研究開発マネジメント』誌に15回シリーズで連

載)。また，欧州企業では ICI，バイエル，ヘキスト，チバガイギー，シーメンス，ヘンケル，トムソンなども日本に研究所を設立している。

(4) 日本企業の海外研究所

図表 5-1 の③は海外企業が日本に研究所をつくるケースだが，④は日本企業が海外に研究所をつくることである。一般に，国際経済で研究開発のグローバル化戦略といえばこのケースを指すが，これについては次節で考えよう。

2 海外研究開発の国際化要因

(1) 研究開発の本質とは何か—集中化要因について

一般的に企業の研究開発は，市場のニーズ（needs）や自らが保有するシーズ（seeds）を活用し，それを製品・技術にするための活動により，生産・販売へと結びつけていく。しかし，そこで目指しているものは，基本的には本国（home country）市場で受け入れられる製品開発であり，最初から海外市場を対象にしているわけではない。つまり，多国籍企業といっても，もともとは自国を本拠地としたナショナル企業なのである。そのための研究開発活動として，まず国内市場で受け入れられる「バイ・ナショナル・ポリシー（buy national policy）」が基本である。どのような製品を開発するのか，企業にとって研究開発は経営戦略の要であるが，多くの多国籍企業は海外に生産拠点を築いたとしても，研究開発の現地化には消極的であり，基本的には本国に集約した形で行う。その理由として，次の 4 つが挙げられる。

1 つ目は，研究開発の規模の経済（economics of scale）である。研究開発は実験設備や研究者，技術者などの人的資源が必要だが，そのために多額の投資が必要となる。研究開発拠点を分散させるとさらに多額の投資が必要になるため，研究開発の効率性の視点からも本国に集中させた方がよいのである。

2 つ目は，本国に集約した方が，コミュニケーションが容易にできること

にある。研究開発はわれわれ人間によって行われる創意，工夫，アイデア，発明，発見の一連のプロセスであるが，互いに刺激し合えるコミュニケーションをとるためには一定の場に集う必要があるし，共通の言語で行われた方がさらに容易なのである。

3つ目は，ノウハウを保護しやすいことにある。研究開発によって生まれた技術，アイデアは企業にとって貴重な財産であり，特許などによって保護することができるが，そのプロセスを本国本社に集中させることにより，容易に知的財産を守ることができるのである。

4つ目は，国内に集中させた方が，生産や販売，マーケティングとのタイアップによって，相乗効果を期待できることにある。

以上の理由から，研究開発は本国本社に集中した方がよいと考えられる。

(2) 海外研究開発の要因―分散化要因について

前述のように，研究開発は本国本社の経営戦略の一環として集中して行った方が効率的と考えられるが，企業の国際経営活動の進展とともに研究開発も海外で行われるようになりつつある。その大きな理由として，次の2つが挙げられる。

1つ目は，企業の国際活動のさらなる発展のためには進出した現地のニーズに対応した技術支援や製品の改良，改善が必要になってくるためである。進出先市場にはそれぞれ特性があり，それに対応した製品開発を行うための研究開発の現地化が必要となる。また，現地での独自の製品開発も必要である。人的資源確保の視点からみても，生産活動に携わる労働者ではなく，知識労働者といわれる技術者・研究者をマネジメントする新しい段階の経営（販売―生産―研究開発）に発展していくことになる。

2つ目は，今日の企業活動を考えた場合，グローバルな視点からみた世界最先端の研究開発資源が集積された地域とのネットワーク（関係性）が求められるためである。一定地域に知的活動が集積するところをナレッジクラスター（knowledge cluster）と呼ぶ。この地域はサイエンスパークとも呼ばれ，

そこに研究開発拠点を設立し，最先端領域の研究者，技術者を活用しながら，全社的な研究開発戦略に取り組むのである。情報技術分野を例に挙げると，アメリカのシリコンバレーには情報通信・ソフトウェア開発など世界最先端の企業が本拠を置いており，多くの研究者，技術者，支援体制が集積している。そのため，わが国の情報通信会社がそこへ研究所を設立する動きや，医療の分野で，最先端かつ特殊な業績を上げている欧米の大学と製薬会社が共同研究する動きがみられる。

（3） 海外研究開発拠点の立地

それでは，海外研究開発拠点は一体どこに設置したらよいのだろうか。ハーバード・ビジネス・スクールのウォルター・キュメール教授（Walter Kuemmerle）は，海外研究開発を「ホームベース補強型研究所」（Home-Base Augumenting Laboratory Site : HBA）と「ホームベース応用型研究所」（Home-Base Exploiting Laboratory Site : HBE）の 2 つに分けている。ホームベースとは本国本社のことを意味する。

HBA は，ホームベースの研究開発体制を強化する一環として海外に研究開発拠点を設け，本社のグローバル R&D ネットワークの 1 つに組み入れようとするものである。このタイプは，ホームベースにはない海外での科学的優位性（scientific excellence）を活用するものであるから，研究所の立地選定（location siting）が重要な戦略課題となる。製薬産業や先端技術分野の研究がこのタイプに分類される。これに対して HBE は，ホームベースにある技術を海外の生産拠点に移転することからはじまる。その技術を現地市場適応のために改良，改善し，さらに独自の新製品開発へと発展させていくタイプである。このタイプの研究所は研究（research）よりも開発（development）を重視するため，現地の生産・販売拠点の近くに立地する場合が多い。ホームベースから技術支援を受けつつ，現地の市場ニーズに対応した製品開発を的確に推し進めていくことが重要である。自動車，汎用機械，エレクトロニクス関連企業がこのタイプに分類される。

しかし筆者は，海外研究開発のタイプを3つに分けたい。1つ目は海外の研究開発資源を活用することを主な目的とする「研究志向型」，2つ目は海外市場に対応した製品の改良，改善，応用開発を目的とする「市場志向型」である。この2つは基本的にはキュメールの分け方と同じであるが，3つ目のタイプとして「共同研究志向型」を加える。このタイプは，新しく研究所を設立するというよりも，現在の研究施設を相互に活用する場合に多い。

キュメールの研究は製薬，エレクトロニクス業界に調査対象を限っているため，共同研究志向を外したのかもしれない。しかし，次世代の代替エネルギー，航空宇宙，地球環境などの大型研究開発や，多様な形での国際提携が多くなると，共同開発志向のもとに新たに研究所をつくろうという動きも活発になってくるのである（**図表5-2**）。

■ 図表5-2 ■ 海外研究開発の目的とタイプ

タイプ	研究志向型 (Research Oriented)	市場志向型 (Market Oriented)	共同研究志向型 (Joint Research Oriented)
業種	・医薬 ・化学 ・コンピュータ・サイエンス ・その他	・エレクトロニクス ・機械 ・自動車 ・その他	・航空・宇宙 ・業種間の戦略提携
設立の誘因	・先端技術へのキャッチ・アップ ・大学などとの共同研究 ・優れた研究者の獲得 ・先端技術情報の収集	・セールス・エンジニアリング機能の充実 ・顧客ニーズへの対応 ・各種法規制への対応 ・ソフト技術の開発活用	・大規模プロジェクトのリスク負担 ・相互の研究開発目標が明確 ・相互の研究開発資源の強み
拠点	・研究学園都市（サイエンス・パーク） ・大学を中心とした近隣地域 ・専門的な科学者，研究者が確保できるところ	・大都市，大消費地付近 ・工場に隣接したところ ・ソフト開発拠点	・既存の施設利用 ・相互の強みを活用できる

出所：筆者作成。

3 新興国での研究開発の背景

(1) 新興国の取り組み

これまでの市場といえば欧米諸国のことであり，世界における GDP の高さや，多国籍企業の活動などにおいて主要な割合を占めていた。世界の多国籍企業は，欧米や日本を主要な戦略市場として位置づけ，研究開発拠点の設立や，国際経営の地域戦略の司令塔としての地域本社の設立も行ってきた。

しかし，1989 年の「ベルリンの壁」の崩壊を契機に，社会主義国だった東ヨーロッパ，ソ連は市場経済体制へと移行していく。そして，中国も社会主義市場経済という独自の経済システムを確立している。東ヨーロッパ，ソ連，中国による市場経済体制の変革は，インド，ブラジル，アジア諸国へと波及し，今日の新興国の飛躍的経済成長の要因にもなった。特に中国，インドは膨大な人口を抱え，1 人当たりの GDP は少ないものの，人口比で換算すると世界の主要国と肩を並べる経済規模になっている。今まで日本は数十年間，アメリカに次いで GDP 世界第 2 位を誇っていたが，2010 年代になってからは中国がその座に就いた。いまや世界経済における中国の GDP は大きな割合となり，先進諸国に強いインパクトを与えている。

その証として，2016 年フォーチュン 500 社のなかで世界のグローバル企業トップ 10 の売上ランキングをみると，中国からは 3 社（中国石油化工集団公司（China National Petroleum），国家電網公司（State Grid），中国石油天然気（Sinopec Group））がランクインしており，中国企業の近年の躍進ぶりが目立つ（**図表 5-3**）。これらの企業は，もともとの国有企業が私企業へと変身・民営化したことが要因でランクインされるようになった。これはまさに，これまでになかった新興国企業の台頭による新たな多国籍企業の出現といえる。

中国の市場経済の発展にともなって，中国企業と外資企業との競合のなかで，近年では外資企業による研究開発拠点の設立も増えている。これまで

■ 図表 5-3 ■ 世界のグローバル企業トップ 10（2022 年）

順位	企業	売上高（百万ドル）
1	Walmart（アメリカ）	572,754
2	Amazon（アメリカ）	469,822
3	State Grid（中国）	460,617
4	China National Petroleum（中国）	411,693
5	Sinopec Group（中国）	401,314
6	Saudi Aramco（サウジアラビア）	400,399
7	Apple（アメリカ）	365,817
8	Volkswagen（ドイツ）	295,820
9	China State Construction Engineering（中国）	293,712
10	CVS Health（アメリカ）	292,111

出所：「フォーチュングローバル 500」ホームページ（http://fortune.com/global500/list/）掲載の表をもとに筆者作成。

GDP の割合が高かった欧米先進国が成熟化傾向にあるなかで，新興国経済はこれからの成長市場として研究開発活動も強化している。

(2) 新興国の研究開発人材

　新興国で研究開発をするにあたっては，そのコアとなる人的資源の確保が重要である。特に理工系人材は，新興国での技術発展を支える貴重な人材である。

　社会主義時代の中国は社会体制を同じくするソ連からの技術導入を図り，自主技術といわれるものはほとんどなく，国家の科学技術政策も明確ではなかった。また，科学技術の開発を担う高等教育機関である大学も少なく，財政的基盤も弱かった。高等教育機関といっても北京大学，清華大学，復旦大学など少数の大学しかなく，学べる学生も中国の人口比ではほんの数パーセントに限られていた。ところが，市場経済改革が行われたことによりその影響は高等教育機関にも波及し，各地に大学が設立され，年数を重ねるごとに入学者数も飛躍的に増えていった。

　さらに，市場経済体制の成長とともにアメリカや日本で学ぶ海外留学生も飛躍的に増え，留学終了後も留学先に留まる一方で，母国に帰国して科学技

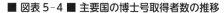

■ 図表 5–4 ■ 主要国の博士号取得者数の推移

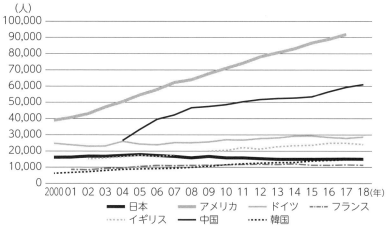

出所：科学技術・学術政策研究所（NISTEP）「科学技術指標 2022（HTML 版）統計集」（https://www.nistep.go.jp/sti_indicator/2022/RM318_table.html）をもとに筆者作成。

術を担う人材も増加している（**図表 5–4**）。

　中国と同様にインドは新興国として注目されており，世界に散らばるインド人は膨大な人数となっている。特に専門的な業務に携わるインド人知識労働者の存在は，各国の経済活動に大きく貢献しているといわれる。インド人は生来起業家精神が旺盛で，世界各地でインド人によるベンチャービジネスが生まれている。

　近年の言葉で，欧米諸国でビジネスを学んだのちに帰国し，母国で新しいビジネスを起こすインド人を「ウミガメ族」と称するそうだ。ウミガメは産卵のために生まれ故郷に戻るため，それにたとえてインド，そして中国でもこのような言葉が使われている。しかし，中国には製造業を主体とした理工系の科学技術人材が多いのに対して，インドにはソフトウェア開発人材が多い。そのため日本の多国籍企業も，インドのシリコンバレーともいわれるバンガロールとのソフトウェア開発ネットワークを構築している。インドの経済発展を支えているのは，ソフトウェア開発を中心とする IT（情報技術）産業であるといえる。IT を駆使した近代的なサービス産業は，政府の規制にま

どわされることなく優秀な人材を吸収している。ソフトウェア産業がインド
を支えているのは，世界の共通語となっている英語によるコミュニケーショ
ンが確立していることも要因である（中国の科学技術の進展については，林
幸秀（2013）『科学技術大国 中国』（中公新書）を参照）。

4 グローバルR&Dの新たな視点

（1）イノベーション志向

　これまでの研究開発のグローバリゼーションに関する研究は，欧米先進国
に主眼を置いていたが，現在，新興国の経済発展と国家による科学技術政策
の推進によって，新興国も対象に入れた研究が課題となっている。

　本章では海外研究開発のタイプを，キュメールの研究に基づき「ホーム
ベース補強型研究所」「ホームベース応用型研究所」，あるいは筆者による
「研究志向型」「市場志向型」「共同研究志向型」の2つないし3つに分類した
が，新興国の科学技術の発展に対応した研究開発を視野に入れると，これら
のタイプをさらに細分化する必要が出てくる。

　新興国の台頭によるこのようなグローバル研究開発の変化に対し，近年，
海外研究開発の実証研究を行ったピーター・ガメルトフト（Peter
Gammeltoft）は，**図表5-5**のように6つのタイプに分類している。

　筆者の分類をガメルトフトの6つの分類に当てはめると，研究志向型は「技
術志向」「政策志向」，市場志向型は「市場志向」「生産志向」となるが，ガ
メルトフトは「コスト志向」と「イノベーション志向」を加えてさらに細かい
分類を行っている。

　コスト志向は，コスト低減を目的とした新興国での研究開発タイプのこと
である。このタイプでは高度な知的生産活動が求められるため，それを担う
高等教育機関の設立が進んでいなければならない。新興国では，近年では質
の高い科学技術人材の輩出や，海外留学組の呼び寄せ政策によって，それを

■ 図表 5-5 ■ 海外研究開発の 6 つのタイプ

技術志向 (technology driven)	現地の先端的な技術の獲得，技術動向のモニタリング
市場志向 (market driven)	現地の消費者ニーズの取り込みと製品の現地化
政策志向 (policy driven)	現地の各種規制に対する対応，研究開発に対するインセンティブ，現地の標準化活動への参画
生産志向 (production driven)	現地の生産拠点に対する技術サポート
コスト志向 (cost driven)	現地の安い人件費の活用
イノベーション志向 (innovation driven)	現地からの新商品に対するアイディアの獲得，最適な役割分担によるグローバル製品開発体制の強化

出所：Gammeltoft（2006, p.186）より引用。

担う人材は豊富になりつつある。このような状況に目をつけたのが欧米や日本のソフトウェア企業で，インドや中国に開発拠点を設け，研究開発環境が整いつつある。コスト志向の研究開発は，医療機器や通信機器などのエレクトロニクス製品の設計，開発を行う活動にも広がっている。

　イノベーション志向は，新興国に拠点を置いて，拡大する現地市場に適合した新製品開発のためのイノベーションを担うという目的をもつ。これは，筆者が分類した現地適応の市場志向型をさらに進化させたもので，新たな発想のもとで行われる研究開発活動である。近年，これに近い具体的例として挙げられるのは，GE によるインドにおける農村部向けの小型低価格の携帯型心電計と，中国の農村部向けに開発された小型低価格の超音波診断装置である。この 2 つの製品はもともと新興国向けに開発されたが，その後アメリカ国内でも販売され，新たな利用法を先進国でも切り拓きつつある。これが，いわゆる新興国から先進国へと逆流する研究開発の「リバース・イノベーション」（reverse innovation）の現象である。

（2）新興国市場のジレンマ

　なぜ，近年リバース・イノベーションが注目されているのだろうか。その

背景には，21世紀には新興国が世界経済の牽引役となって大きな市場拡大が見込まれ，それに対応した新製品，新技術の開発が必要になってきたことが関係している。

　すでに先進企業の多くは，新興国向けの製品開発やそのための開発拠点の設立などを行っている。しかし，それらの製品の多くは先進国市場で築いた製品ラインに低価格製品を導入したものであり，現地市場で開発された製品ではない。現地での販売や生産，調達方法も，既存市場のものを多少修正するまでに留めていた。しかし，このような製品や製造方法は新興国市場の一部の上位市場では受容されるものの，中位以下，いわゆるBOP市場では浸透力をもたなかった。つまり先進企業は，新興国市場をあくまでも補完的な市場と位置づけ，本格的な経営資源の配分を行ってこなかったのである。なぜかといえば，先進国市場でさえ先進企業が互いに熾烈な競争を行っているなかで，技術的に下位にある新興国市場に経営資源を振り分ける余力は限られているからである。

　これまでの現状から考えると，先進企業が新興国に進出し，はじめは技術的優位性を確保できたとしても，すぐに後発国企業によって市場を奪われてしまうという状況が推測できる。こうした競争は，先進国企業にとっての「新興国市場戦略のジレンマ」あるいは「イノベーションのジレンマ」といわれている。たとえば，ホンダは二輪車で世界を代表するメーカーだが，成長する中国市場に早くから目をつけて進出した。しかし，すぐにこれをコピーした低価格の二輪車が地場メーカーからつくられ，ホンダはまとまったシェアをとることができず不振に陥ってしまったという事例がある。

　途上国や新興国の低価格製品の台頭や技術の追い上げに対応しながら，成長市場である新興国でいかに市場拡大を図っていくかが課題であろう。GEの元CEOであるジェフリー・イメルト（Jeffrey Immelt, 1956年 -）は「新興国市場の発展を取り込むことなしにGEの将来はない」との認識をもち，新興国市場のR&D体制を中国やインドでの従来のものとはまったく異なる仕組みにした。それによって生まれた小型低価格の携帯型心電計や超音波診断装置の開発は，そのジレンマを克服する1つの例示となっている*。

※インド，中国での心電計や超音波診断装置の製品開発

これらの開発にあたって，GE は本体とは切り離した組織のローカル・グローバル・チーム（Local Global Team：LGT）をつくった。その5原則とは次のとおりである。
- 成長が見込める地域に権限を委譲する
- ゼロから新製品を開発する
- 新会社と同じくゼロから LGT を立ち上げる
- 独自の目的・目標・評価基準を約定する
- 経営陣は LGT を直属に置く

(3) リバース・イノベーションとは

多国籍企業による新興国を拠点とした研究開発は，進出国の市場ニーズに対応した研究活動といえるが，製品や特許によってはそれが本国の親会社に反転する形で新しい事業が生み出される可能性がある。これがリバース・イノベーションと呼ばれ，GE の成功例が契機となって注目されるようになった。リバース・イノベーションには，次の3つの捉え方がある。

1つ目は，新興国の企業自体の研究開発によって新製品，新技術が生み出される場合である。これは「プロダクト・イノベーション」の部類で，現地市場に根差した多様な分野での低価格製品の開発である。たとえば，インドのタタ・モーターズが開発した小型自動車「ナノ」は，日本円に換算すると約30万円であり，非常に安く購入することができる。また，中国での太陽光発電や電動自転車の開発もこれに該当する※。低コストの医療機器，炭素隔離（二酸化炭素の排出を抑制する装置），太陽光および風力発電，バイオ燃料，分散型発電，海水淡水化，電気自動車，超低価格住宅などは新興国では市場ニーズが高く，社会的にも解決が迫られる喫緊の課題であるため，今後さらなる研究開発が進められるであろう。「必要は発明の母」といわれるが，これらの領域ではむしろ先進国よりも新興国企業の方が先行する可能性がある。

2つ目は，新興国や発展途上国が，先進国への輸出強化策のために，先進国と対峙できる競争力のある製品を開発することによって逆流がはじまる場合である。これは，これまでの日本とアメリカの関係をみると理解することができよう。20世紀初頭にアメリカで多くの製品技術のイノベーションが起こったが，それらの技術がわが国に導入されてから優れた生産技術の開発により，今度はアメリカに逆流する形でリバース・イノベーションが起こり国際競争力をもった日本製品が成長したという経緯がある。日本における生産革新は「プロセス・イノベーション」といわれ，自動車はその典型的な産業である。このような日本の優れたプロセス・イノベーションも，かつて発展途上にあった日本から先進国に移転されているリバース・イノベーションの1つと捉えてよいだろう。

　3つ目が，GEの例にみられるような，多国籍企業による海外での研究開発成果が本国に逆流する場合である。この逆流は，GEにとっては最初から意図して行ったものではなく，当初の目的はローカルマーケットでの競争力のある製品を開発することにあった。これには，前述した「新興国市場戦略のジレンマ」のように，競争市場を乗り切るためのまったく新しい体制づくりを必要とする。

※中国のEV（Electric Vehicle）開発

　今，世界各国の自動車メーカーは，電気自動車といわれるEV開発にしのぎを削っている。自動車王国といわれるアメリカ・日本・ドイツをおさえ，今この先頭を走っているのが中国である。

　中国では，国家プロジェクトとして次世代の車が排気ガスを出さないカーボンニュートラルな自動車の開発に取り組んでいる。もともと自動車製造分野においてはガソリンやディーゼルなどの既存の技術の蓄積がないため，ゼロからのスタートであるが，まったく新しい領域に集中的に資源を投入し，若い技術者たちによる開発が行われている。

　これには，2020年9月に国連総会の場で習近平国家主席が「2030年までにCO_2の排出量をピークアウトさせ，2060年までにカーボンニュートラルを実現する」と宣言したことが背後にある。また，中国としてはエネルギーの安全保障という視点から，石油資源の輸入を減らしたいという思惑もある。

　今，中国にはEV開発の新興メーカーとして，Nio（上海蔚来汽車）・Xpeng（小鵬汽車）・Li Auto（理想汽車）があり，これら3社は「新興EV造車三兄弟」とも呼ばれている。

第 6 章
サービス産業の国際化

■

Summary

　日本のサービス産業の海外進出は2000年代以降に本格化しはじめ，現在では多くの身近な企業が海外に向かって進出しつつある。アパレル，家具，日本食，寿司，コンビニエンスストア，スーパーマーケット，ファストフード，ラーメン，アニメなど，われわれの生活に身近な分野が海外への出店・進出を加速させている。

　サービス産業は製造業と異なり，輸出されたり現地で生産されたりするようなモノの産業ではない。サービス産業における生産は仕入れの部分であり，それが同時並行的に販売されるという企業活動である。製造業のように生産と販売が分離でき，工場で大量生産可能なビジネスでは

なく，市場である顧客には個別的に対応しなければならない。本章では，まず製造業と非製造業であるサービス産業の違いについて言及する。

　戦後の日本の産業政策は，製造業を基盤にして海外との国際競争力をつけた。一方で資本力の弱いサービス産業は，それを保護するために海外との競争を避けてきた背景がある。ところが，今日の日本のGDPや就業者数の3分の2以上はサービス産業が占めており，わが国の少子高齢化が進むなかで，国内市場だけでの将来発展は限界にきているといえる。本章ではいくつかの事例を取り上げながら，サービス産業の国際化について考える。

1 産業分類とサービス産業について

（1）産業別就業者，GDPの割合の変化

　第1章では，世界の海外投資が製造業から非製造業であるサービス産業へと推移していることをみた。そして第2章では，近年の日本の海外投資においても，非製造業のウエイトが高くなっていることを年代別推移のなかで確認した。それでは，その指標となるわが国の就業者数を，製造業と非製造業との割合でみた場合はどうだろうか。**図表6-1，6-2**は内閣府による労働力調査の結果であるが，これをみると戦後間もない1950年代では第1次産業が48.3%を占め，製造業などの第2次産業は21.7%，サービス産業である第3次産業は30.0%となっている。ところが高度経済成長期の1970年では第1次19.3%，第2次33.9%，第3次46.8%，2000年には第1次5.0%，第2次29.2%，第3次65.8%となり，ついに2021年には第1次3.1%，第2次22.8%，第3次74.1%にまでに推移した。つまり，今わが国で働いている人の70%以上は，サービス産業に分類にされる仕事についているといえる。

　それでは，GDPの割合で産業別推移をみた場合はどうだろう。**図表6-3**をみると，2005年のGDP524.1兆円のうち1次産業1.1%，第2次産業21.5%，第3次産業77.4%，2010年GDP500.3兆円のうち，第1次1.1%，第2次20.8%，第3次78.1%，2015年ではGDP530.5兆円のうち，第1次1.1%，第2次20.4%，第3次78.4%，2020年ではGDP530.5兆円のうち，第1次1.0%，第2次25.9%，第3次73.1%に推移している。日本経済を産業別にみると，2000年代以降は就業者数でもGDPでも，サービス産業である第3次産業が全体の7割以上になっていることがわかる。

■ 図表 6-1 ■ 日本の第 3 次産業就業者数構成比

調査実施年	1950	1970	1990	2000	2005	2010	2015	2020	2021
就業者数 (万人)	3,563	5,220	6,168	6,298	6,356	6,298	6,402	6,710	6,713
1次産業 (%)	48.3	19.3	7.1	5.0	4.4	4.0	3.6	3.2	3.1
2次産業 (%) (製造業)	21.7 (15.7)	33.9 (25.9)	33.0 (23.4)	29.2 (19.1)	27.0	24.9	24.1	23.1	22.8
3次産業 (%)	30.0	46.8	59.9	65.8	68.6	71.1	72.3	73.8	74.1

出所：総務省統計局 (各年)，2005 年以降は労働政策研究・研修機構 (2022) をもとに筆者作成。

■ 図表 6-2 ■ 産業別就業者数の推移

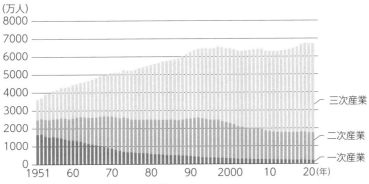

出所：労働政策研究・研修機構 (2022) より引用。

■ 図表 6-3 ■ 実質 GDP の産業別推移（規模と割合）

	2005年	2010年	2015年	2020年
実質GDP (兆円)	524.1	500.3	530.5	530.5
第1次産業 (%)	1.1	1.1	1.1	1.0
第2次産業 (%)	21.5	20.8	20.4	25.9
第3次産業 (%)	77.4	78.1	78.4	73.1

出所：内閣府経済社会総合研究所国民経済計算部 (2021) より引用。

(2) 第1次, 第2次, 第3次産業分類

　非製造業といわれるサービス産業とは，一体どのような業種なのだろうか。通常，産業は大きく第1次，第2次，第3次産業に分けられるが，これはオーストラリアの経済学者であるコーリン・クラーク（Colin Clark, 1905-1989年）の分類が基本になっている。具体的には，次のように区分される。

　第1次産業：農業，林業，漁業

　第2次産業：製造業，建設業，鉱業

　第3次産業：電気，ガス，熱供給，水道業，運輸，通信業，卸売，小売，
　　　　　　　飲食店，金融業，保険業，不動産業，サービス産業，公務

　第1次産業は自然にあるものを採取する産業，第2次産業は採取したものを原料にして加工生産する産業，第3次産業はそれ以外にサービスを提供する産業である。この区分をみてもわかるように，第3次産業の業種は幅広い。

　産業構造は経済の発展にともなって変化することがこれまでの経験則として知られている。代表的な学説にペティ＝クラークの法則（Petty-Clark's Law）があり，経済の発展にともなって第1次産業から第2次産業，さらには第3次産業へと産業の比重が移ることを説いている。それではなぜ産業構造が変化するのか，要因としては次の4つが挙げられる。

① 産業間の所得格差

　技術革新によって生産性が高まると，産業間に所得格差が生まれ，より高い所得を求めて産業間での労働力移動が起きる。第2次産業においては生産技術の革新によって工場での生産性が高まり，そこで働く人々の所得も上がる。それに対して第1次産業では，技術革新によって生産が飛躍的に拡大する要素は少ない。自然にあるものが第1次産業の対象であるため，採取方法の技術革新があったとしても，採取範囲は限られている。そのため，産業間で所得に格差が生じるのである。

② 需要構造の変化

　所得水準が上がると消費構造が変化し，モノよりもサービスの需要が拡大する。所得が上がるとレストランに行きたい，旅行もしたい，映画もみたい，スマートフォンも楽しみたいといったように，モノ以外への欲求が高まるのである。したがって，先進国といわれる国ほどモノがたくさんあるため，産業全体に占める GDP や就業者数の割合からして，第3次産業へのウエイトが高くなってくる。

③ 産業の国際化

　企業の海外進出によって，製品を自国で生産するよりも海外で生産したものを輸入する方が有利になる場合，製造業である第2次産業の比率は下がり，その分それ以外の産業である第3次産業への割合が高くなる。企業の海外進出の目的はさまざまだが，低賃金を求めて製造業が進出する場合にこの理由が当てはまる。近年，欧米・日本企業が中国へ進出するのはこのためであり，結果として "Made in China" 製品が先進諸国に出回ることになっている。

④ 製造業のサービス化

　技術革新の進展や消費者需要の高度化，多様化にともなって，製造業内部においても営業販売，研究開発，設計デザイン，広告宣伝，情報処理，企画管理といった間接部門に従事する人の割合が高くなる。これを製造業におけるサービス経済化という。製造業はモノをつくる，いわゆるハードな産業分類であるが，それを販売するためには顧客のニーズに応えるマーケティングやソフトの開発が必要である。コンピューター産業はこれを代表するものであり，ハードは技術革新によって量産できるが，ソフトであるシステム開発は個別に対応しなければならず，その分サービス産業の従事者が多くなっている。

　また，製造業が余剰資本と余剰労働力の有効活用を図るために，第3次産業などの新規事業分野に進出をしていることも理由である。製造業が不動産，IT 産業，運輸，通信業，金融保険などに進出することも，サービス経済化の

現象である。

2 製造業とサービス産業の違い

(1) 属性的捉え方─普遍性と個別性

　ここで，製造業とサービス産業の違いについて考えてみよう。まず製造業
は，自動車，電機，機械，鉄鋼，造船，化学，食品などのような，モノとし
てみえる形のものを製造する産業である。これら製品は一般的に工場で生産
できるものであり，生産技術が進展すれば大量生産も可能で，海外での生産
も可能となる。今日のわが国の製造業は，生産のグローバル経営体制を確立
するまでに発展した。基本的に同じものをどこでも生産可能という意味で，
「普遍性」（universalistic）のある産業と捉えることができる。

　これに対して，非製造業である第3次産業の特徴はどうだろうか。ホテル
やレストラン，銀行，保険，スーパーマーケット，コンビニエンスストア，
デパート，旅行業，運輸宅配便，不動産，IT産業などは，工場で大量生産で
きる産業ではない。普遍的に同じものを生産するのではなく，それぞれが個
別で対応しなければならない。この意味から，サービス産業は「個別性」
（particularistic）があると捉えることができる。

(2) 定性的捉え方

　このほかに，サービス産業は「無形性」「同時性」「異質性」「非貯蔵性」「輸
送不可能性」といった視点から，製造業との違いを捉えることができる。

　「無形性」はサービス産業の特徴であり，1つの製品として形になっていな
い機能や効用を提供する行為のことを指す。買い物をしたり，飲食店に行っ
たりすると製造業でつくられた商品があるが，その商品を販売し提供する行
為（サービス）には形がない。「同時性」は，サービスを提供する行為自体
が，生産と消費と連動していることである。サービスを提供することを製造

業でいうところの生産とすると，そのサービスを受けることは消費になり，両者は同時並行しているのである。また，サービス産業は，製造業のように工場で画一的な量産化ができない。そのため品質にばらつきが生じやすく，標準化や均質化の達成が難しいので「異質性」があるといえる。また，サービス産業は製造業のように完成品を倉庫などに貯蔵することができず，その場で消滅してしまう。これは「非貯蔵性」であり，「同時性」と重複する性質である。「輸送不可能性」とは，サービス自体をほかの場所に移動させることができない性質のことである。そのサービスを受けるためには，サービスを受ける側が移動しなければならない。

3 サービス産業の海外進出の目的と経営方式

(1) 日本のサービス産業の特徴

　製造業の海外進出は，先進国や発展途上国，新興国といった進出国の違い，業種による違い，販売拠点の設置か生産拠点の設置かの違いなどによって，その目的はそれぞれである。日本企業が海外進出しはじめた1960年代後半以降，自動車，テレビ業界は，外貨を稼ぐことのできるアメリカなどの先進国に，現地市場の開拓を目的として販売拠点をつくった。その後1980年代になって生産拠点も設立し，進出先市場での市場確保を確立した。一方，途上国や新興国への企業進出は，それらの国の経済発展に協力する現地政府からの要請によるものが多かった。また，本国の労働賃金との比較でコスト削減のための生産拠点を設立し，そこで生産された製品を第三国に輸出するための拠点として活用する目的もあった。

　それでは，サービス産業が海外進出する目的は何であろうか。ユニクロや無印良品が海外に店舗をつくる，日本食レストランを海外につくる，スーパーマーケットやコンビニエンスストアが海外へ進出する，北海道生まれのニトリや広島生まれのダイソーが海外へ進出する。そして宅配便やアニメな

ど，実に多様な分野が海外市場を開拓している。これらの進出は，基本的には海外市場で新たな顧客を開拓することを目的としており，これらの業界は2000年代になって急速に活発化してきた。その要因としては，日本市場があらゆる面で成熟化していること，少子高齢化という社会環境の変化のなかにあって国内での事業成長に期待できないことにより，その発展を海外に求めているからだと考えられる。

近年の日本におけるサービス産業の特徴としては，先進国よりもアジア，中国などの新興国に進出していることが挙げられる。サービス産業の海外進出は前述のとおり，基本的には現地市場の開拓を目的にしており，そのための進出先市場は一定水準の所得がなければならない。現在の新興国は急速な経済発展によって新しい消費市場が形成されつつある。また，日本企業が長年にわたって築いてきた日本ブランドへの信頼も，現地市場の開拓に良い影響を与えている。

サービス産業の海外進出は，このようなさまざまな状況が発展的に重なり合うことによって，海外市場への関心が急速に高まっている。サービス産業の海外進出はまだはじまったばかりで，製造業と比べると国際経営の歴史は浅い。失敗と成功の試行錯誤を経験しながら，成長へ向けて挑戦している現状にある。

(2) サービス産業の海外での運営形態

製造業が海外で事業を行う場合，販売拠点や生産拠点，そして近年では研究開発拠点を設置している。しかし，生産と販売が連動しているサービス産業には，製造業のような事業の拠点ではなく，現地の顧客1人ひとりへの個別的な対応が求められる。

製造業では，生産部門と販売部門をそれぞれ異なる拠点に置いたとしても，その運営は可能である。かつて世界の工場と呼ばれた中国で生産された"Made in China"製品が日本に出回っていることが，代表的な事例である。それに対して，コンビニエンスストアやスーパーマーケット，日本食レスト

ラン，アニメ，金融保険業などのサービス産業は，海外ではどのような経営
方式をとるのだろうか。次に挙げる3つの運営形態から考えてみたい。

① 海外立地制約型

　この型は，企業や店舗などが海外市場の顧客がいるところへ出向き，自ら
運営する形態である。コンビニエンスストア，スーパーマーケット，日本食
レストラン，デパート，ファストフード店，小売（ユニクロ，無印良品，ニ
トリなど）などがその代表例で，店舗が現地に立地していなければ事業とし
て成り立たない。なぜなら，サービス産業における生産である調達・仕入れ
と，それらが提供・消費される行為は同時並行であり，それぞれを別の場所
に設置することはできないからである。海外進出するサービス産業のなかで
も，代表的なものがこのカテゴリーに該当するため，現地でどのような経営
をするかがこれらの業界内での主要課題である。

② 海外営業基盤型

　この型は，金融や証券，保険業の海外進出を例にするとわかりやすい。こ
れらの業界は，本国と進出国との間で行われる国際取引が可能なサービス業
務である。これらの業務は本国に居ながらにしてインターネットなどを通じ
てできるため，①で挙げた業種のような時間的，物理的な制約は受けない。
しかし需要があれば，その活動をさらに強化するために海外へ進出すること
がある。その際に，進出企業や現地企業との金融取引，保険業務などを行う
場合の活動拠点として，営業基盤をもつ必要が出てくる。

　日本経済がバブルといわれた1980年代から1990年代にかけて，急速な円
高もともなって多くの金融業界が欧米の主要都市に進出した。しかし，その
取引先の多くは現地に進出した日本企業であったため，バブル経済の終焉と
ともに取引先も減少し，撤退を余儀なくされた。このような状況に陥らない
ためにも，本国の限られた市場に加えて成長が見込める海外市場を開拓して
いかなければならない。

③ 情報コンテンツの海外活動型

　この型は，日本のアニメやゲーム，キャラクターなどが海外進出するケースを考えるとわかりやすい。その背景には，海外の10代，20代の多くの若者が日本の文化や伝統に関心を寄せていることが考えられる。

　そのためには，現地に営業基盤をつくることも必要である。しかし，コンテンツ情報の輸出は基本的には今日のITを駆使することによって可能である。これからますますIoT化が進むなかで，さまざまな形態でのサービス産業の海外進出が進展していくであろう。**図表6-4**は，総務省の放送コンテンツ海外流通推進室の調査による，海外輸出額の推移である。2020年度の輸出額は571.1億円と，毎年増え続けている。

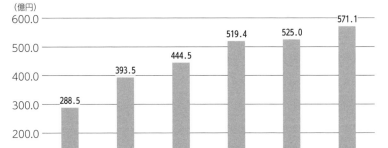

■ **図表6-4** ■ 放送コンテンツの海外輸出額

※番組放送権，インターネット配信権，ビデオ・DVD化権，番組フォーマット・リメイク権，商品化権
　等の海外売上高の総額。
出所：総務省（2022）。

4 身近なサービス産業の海外進出

　近年，非製造業といわれるサービス産業の海外進出が目覚ましいが，本節

ではそのなかでもわれわれに身近な例をいくつか挙げ，海外進出について考えてみたい。

（1）日本食レストラン

かつての日本によるサービス産業の海外進出は，欧米企業と比較すると競争力のない産業だといわれていた。アメリカ企業で身近なサービス産業といえばフードサービスのマクドナルド，KFC，ミスタードーナツ，デニーズや，近年ではスターバックスが代表的であり，これらの店舗は世界中どこへ行っても出店しているといわれるほど，いまやグローバルブランドとなっている。

ところが近年，それらのアメリカ企業の規模とは比較できないが，日本食を中心に海外で事業展開している企業がいくつかある。**図表6-5**は，2021年現在で海外へ進出しているレストラン関係の店舗数である。

日本の代表的な食べものといえば寿司であり，日本を海外に紹介するときの代表的な食文化でもある。寿司はもともと寿司職人と呼ばれる板前が1人ひとりに握って提供する食事であった。それだけに，日本食のなかでも高価であり，庶民がいつも食べられるものではなかった。これを工場のようにベルトコンベア方式で，みんなが手軽に食べられるものにしたのが，現在の回転寿司である。回転寿司の大手といえば，スシロー，かっぱ寿司，くら寿司が代表的である。既に日本の寿司は回転寿司を基本としながらアジア，アメリカ，中東地域にまで進出している。

しかし，寿司はいまや

■ 図表6-5 ■ 日本発のレストラン関係の海外進出

社名	国内店舗数	海外店舗数
カレーハウスCoCo壱番屋（カレー）	1,257	207
サイゼリヤ（イタリアン）	1,084	464
モスバーガー（ハンバーガー）	1,254	447
大戸屋（和食）	302	114
とんかつ新宿さぼてん（とんかつ）	408	102
吉野家（牛丼）	2,844	966
スシロー（寿司）	626	59
味千ラーメン（ラーメン）	65	717
一風堂（ラーメン）	131	277

※2021年9月時点。
出所：筆者作成。

89

日本人だけのものではなくなってきている。日本の回転寿司をモデルにして，イギリスの企業家であるサイモン・ウッドロフ（Simon Woodroffe）は"YO! Sushi"をロンドンで開業した。いまやイギリス国内だけでも70店舗以上あり，ヨーロッパ各国や中東にまで進出している。

　回転寿司方式による寿司レストランの発明で，寿司職人が居なくとも日本の寿司文化を世界に普及させることが可能となっている。現在の国内寿司チェーンは激しい競争のなかにあり，発展の道を海外へと求めている。また，日本食はアジアの経済発展によりブームが起こっており，回転寿司店が多く出店されている（**図表6-6**）。元気寿司は海外進出に積極的に取り組んでおり，国内165店舗に対し海外は192店舗ある。また，スシローは2021年9月時点で海外店舗は59店舗であるが，2024年9月期には193〜212店舗を計画し，海外進出を本格化させようとしている。2015年に「和食」が世界無形遺産に登録されたこともあり，アジアではアメリカを上回るペースで日本食レストランが増えている。

■ 図表6-6 ■ 回転寿司の海外進出状況

国名	進出状況
日本	スシロー，かっぱ寿司，くら寿司，元気寿司など全部で2,257店舗
台湾	スシロー26店舗，くら寿司35店舗など
アメリカ	くら寿司31店舗，元気寿司ハワイ店舗など
香港	元気寿司50店舗，スシロー11店舗など
韓国	スシロー9店舗など
シンガポール	スシロー9店舗など

※ 2021年9月時点。
出所：筆者作成。

(2) コンビニエンスストア

　わが国のコンビニエンスストア業界で圧倒的な強さを誇るセブン-イレブンであるが，その発祥の地は1950年代初頭のアメリカ・テキサス州のダラスである。もとはといえば小さな氷屋からはじまった。当時のアメリカでは電気冷蔵庫はまだ普及しておらず，暑いダラスでは現在の電気冷蔵庫の原型

となる木箱に氷を入れて，飲み物や食べ物を冷やしていたのである。そのうち氷だけでなくミルクやパン，歯磨き，歯ブラシなどの日用品を店に置いたことで，氷屋が好評となった。さらに，通常の店が９〜10時頃に開店し，５〜６時ぐらいには閉店するところを，朝早い７時から夜遅い11時までの開店時間とした。セブン‐イレブンの名前の由来は，この開店時間からきている。これがまたたく間に評判となり，みんなにとって便利（convenient）な店という意味で，コンビニエンスストアと呼ばれるようになった。

　これを契機にコンビニエンスストアはまたたく間にアメリカ全土に広がり，競争相手も現れるようになった。その１つがローソンである。同社はオハイオ州で牛乳店を営んでいた J.J. ローソンが，食品を扱う小さな店を開店したことにルーツをもつが，セブン‐イレブンの影響を受けてコンビニエンスストアをはじめた。セブン‐イレブンはカリフォルニア州を中心とした西海岸（West Coast）に多くの店舗を展開したが，それに対してローソンはニューヨークを中心とした東海岸（East Coast）に多く出店した。

　アメリカでのコンビニエンスストアの普及をみた日本のスーパーマーケット業界は，その業態の新鮮さに注目した。当時，スーパーマーケット業界では中位にあったイトーヨーカ堂は，アメリカのセブン‐イレブンを経営するサウスランド社との根強い交渉の末，わが国でのコンビニエンスストア第１号店を1972年に東京で開店した。その後もさまざまな苦難を打破し，わが国第一のコンビニエンスストアへと成長させた。

　同様に，当時の業界 No.1 にあって巨大なスーパーマーケットとなっていたダイエーは，ローソンを開店することになる。ところが，スーパーマーケットの原型をつくり，業界最大手となったダイエーは，業容拡大の失敗で経営に行き詰まり，1990年代後半に破綻してしまう。そのためにローソンは現在，商社（三菱商事）のグループ企業となっている。

　一方，日本では順調な経営を行っていたセブン‐イレブンであったが，本家本元のアメリカのセブン‐イレブンは，1980年代後半に経営危機に陥る。理由は，経営元であるサウスランド社の多角化の失敗である。コンビニエン

ススストアよりも給油所や不動産ビジネスに力を入れ，本業である顧客の変化に対応できなかったのである。イトーヨーカ堂は親会社が破綻の危機に瀕した状況を救うため，アメリカのセブン－イレブンを買収する形で再建に乗り出した。日本における経営手法はアメリカにも適用され，買収から20数年以上を経た現在，アメリカのセブン－イレブンは見事に再生を果たし，発展している。

　このことは，いわば日本の非製造業であるコンビニエンスストアの経営も海外にトランスファーできるという１つの経営ノウハウの証でもある。ただしセブン－イレブンの場合は，もともとアメリカで生まれてブランドが確立された企業であり，親会社のつまずきを子会社が救ったという経緯である。これだけの事例で日本のサービス産業全体に真の競争力が出てきたとは判断できない。

　セブン－イレブンもローソンも創業の地はアメリカであり，それが日本をはじめ世界各国に広がっている。これに対して，ファミリーマートは日本発祥のコンビニエンスストアである。日本で成長・発展したコンビニエンスストアチェーン数をアジア地域に限ってみたものが**図表6-7**である。また，セブン－イレブンのグローバル展開と店舗数は**図表6-8**に記す。

■ **図表6-7** ■ **コンビニエンスストアのアジア戦略**　　　（店舗数）

	セブン－イレブン	ファミリーマート	ローソン
タイ	10,533	1,107	101
台湾	5,245	3,189	0
韓国	9,294	0	0
中国	2,630	2,301	1,496
フィリピン	2,329	65	34
マレーシア	2,235	42	0
シンガポール	372	0	0
ベトナム	14	159	0
インドネシア	0	94	37
計	32,652	6,957	1,668

出所：NNA「アジア業界地図　コンビニ編」(2018年1月) (https://www.nna.jp/
　　　nnakanpasar/backnumber/180701/topics_001) より引用。

■ 図表6-8 ■ セブン-イレブンの海外店舗数の推移

	2008年3月末	2014年3月末	2017年3月末	2021年12月末
日本	12,006	16,375	19,171	21,327
タイ	4,402	7,651	9,542	13,134
アメリカ	6,243	8,163	8,563	12,942
韓国	1,802	7,000	8,556	11,173
台湾	4,770	4,966	5,107	6,379
中国	1,381	2,010	2,357	3,980
フィリピン	318	1,049	1,995	3,073
マレーシア	909	1,581	2,122	2,427
メキシコ	826	1,699	1,878	1,841
オーストラリア	363	596	646	718
カナダ	–	–	–	620
シンガポール	419	528	417	455
ヨーロッパ	–	–	–	403
世界合計	34,147	52,811	61,554	78,541

出所:『日本経済新聞』(2022年9月),セブン-イレブンウェブサイト (https://www.sej.co.jp/company/yokogao/data/index.html) をもとに筆者作成。

(3) ユニーク企業の海外戦略

　日本発のオリジナルな製品で急速な海外進出を行っている企業としては,ユニクロ,無印良品(MUJI),ダイソー,クモン(kumon),ベネッセ,大和運輸,ニトリ,任天堂などが代表的である。このなかから,われわれにとって特に身近な無印良品とユニクロを例に挙げてみよう。

① 無印良品(国内479店舗,海外1,029店舗)

　株式会社良品計画は,日本では「無印良品」,海外では「MUJI」のブランド名で展開している企業である。同社は1980年に西友のプライベートブランドとして,当初わずか40品目からスタートした。現在では食品から衣服,家電製品まで約4,000品目を扱い,生活に必要な製品をより簡素にし,機能性を追求したライフスタイルを提供する独自の戦略で顧客を広げている。良

品計画は現在世界20ヵ国344店舗を展開している。

　小売業で扱う日用品業界は，これまでは現地の文化やニーズを熟知している現地企業が強く，海外企業が参入しにくいドメスティック産業といわれていた。しかし良品計画は，海外でも新しいライフスタイルを提供しつつ，文化風習が異なっても日用品ではシンプルさと機能性が重視されることが共通しているという認識のもと，多くのブランドが直面してきた問題を解決し，海外店舗を増加させている。同社は設立当初から日本の文化とは異なった製品感覚をもっていたといえる。

　最初の海外進出は，歴史文化に保守的なヨーロッパ国，それもイギリス，フランス，イタリアなどの大都市内の有力地域への出店を目指していた。しかし出店当初から成功したわけではなく，いくつかの苦境を経ながらもそれに果敢に挑戦してきた。その結果，2016年時点では国内店舗数は直営店312，商品供給店102，海外店舗数は344となり，日本の直営店との数で比較すると海外店の方が多い状況になっている。さらに2020年8月時点では国内479店舗，海外1,029店舗となり世界31の国・地域で事業展開している。なかでも中国には299店舗もあり，MUJIブランドがいかに中国で人気を高め出店を強化しているかがわかる。中国では2013年に上海の物流センターを拡充し，海外での出荷体制の整備，タイムリーな原料調達力の向上と物流合理化による調達コストの引き下げを進めた。

　無印良品の強みはまさにその提案するライフスタイルにあり，商品開発において「感じよい暮らしをリーズナブルに」「モノづくりの視点（素材の選択，工程の点検，包装簡素化）」といった理念をひたすら追求している。

② ユニクロ（国内812店舗，海外1,560店舗）

　ユニクロのブランド名はユニーク・クロッシング・ウェアハウス（Unique Clothing Warehouse）に由来しており，山口県に本社をもつ。社名は株式会社ファーストリテイリング（FAST RETAILING）である。婦人服を扱う小売店を現会長の柳井正氏が引き継ぎ，氏の強力なリーダーシップでいまやアパ

レル製造小売業（speciality store retailer of private label apparel：SPA）では
スペインの ZARA, スウェーデンの H&M と並ぶ世界的ブランドとなった。

現在，同社の 2021 年 8 月期決算の売上は 1 兆 7,651 億円（国内売上 6,404
億円，海外売上 1 兆 1,242 億円），店舗数は 2022 年 5 月時点で国内 812 店舗
（直営店 785，フランチャイズ 1,560），海外 1,560 店舗である。このうち中国
は 869 店舗と，海外店舗の約半分を占める。将来的に国内市場が少子高齢
化，人口減の問題を抱えるなかで，期待される市場は断然海外である。その
ため，ユニクロも海外市場を見据え，2010 年には全体売上の 1 割しか満たし
ていなかった海外売上は，現在では 3 分の 2 近くを占めるまでになっている。

日本の製造業のグローバルブランドであるキヤノン，ソニーなどは現在，
全売上の 3 分の 2 を海外市場が占めているが，これら企業には海外進出の半
世紀以上の長い歴史がある。一方で，ユニクロはここ十数年という短期間で
海外売上が全売上の半分近くになり，まさに日本のサービス産業も国際競争
力があるということを世界にみせたパイオニア的存在のブランドであるとい
える。

カジュアルウェアのファッション分野ではヨーロッパ，アメリカ発のもの
が主流で，アジアの企業がこの分野で世界のブランドになることはタブーと
されてきた。ユニクロの海外進出は 2002 年のイギリスが最初であったが，進
出当時は知名度が低く，成果は出なかった。しかし，柳井氏の「アパレルは
欧米でブランドを確立させなければ世界への進出はできない」との強い信念
のもと，ロンドン，パリ，ニューヨーク，上海などのグローバル都市の一等
地に大型旗艦店をつくり，世界でのブランド化を図っていった。

そしてさらに現在では，同社はこれからの 10 年間で海外売上比率を 7 ～ 8
割に引き上げ，海外売上高を今の 50 倍にあたる 3.5 ～ 4 兆円に拡大する構想
をもっている。ZARA や H&M は欧米では人気が強いが，今後成長が期待さ
れているアジア，中国では日本発のユニクロが断然強くなると予想されてい
る。壮大なビジョンをもつ創業者の柳井氏は「服を変え，常識を変え，世界
を変えていく」というスローガンのもと，顧客の潜在需要を掘り起こして

数々のヒット商品を生み出すことで事業の拡大を図ってきた。ユニクロの商品は「安かろう，悪かろう」ではなく，品質にこだわり，値ごろ感もあるという顧客満足を重視させた商品戦略のもとで開発されている。徹底した品質管理体制をもち，中国企業が経営する生産工場との長期的，戦略的な提携を行っているのである。

5 日本のサービス産業の展望

　それでは最後に，日本のサービス産業の特徴とは何か，いくつかの視点から展望してみよう。

（1）アジアがターゲット

　日本企業の国際化の歴史をみると，戦前は商社がそのパイオニアであった。戦後は製造業が製品のルーツを欧米に求めながらも，わが国での優れた生産技術によって国際的競争力を高め，輸出，海外販売，海外生産へと発展していった。当時の海外市場といえば先進地域にある欧米諸国であり，そことの取引によって外貨を稼ぎ，日本経済は成長した。

　しかし，近年のサービス産業の海外市場のターゲットはアジア，中国へとシフトしてきている。これらの地域では，製造業で培った日本ブランドの確立により日本製品に対する信頼性が高い。また，経済成長による所得の拡大によってサービス産業のマーケットが成長していることも，近年注目されている理由である。所得水準が上がれば衣服や食への関心も高まり，日本食を食べに行ったり，ユニクロで買い物をしたり，便利なコンビニエンスストアも身近に感じるようになり，日用品の購入意欲も高まってくるであろう。本章でみてきたように，日本食レストラン，寿司，コンビニエンスストアはアジア，中国をこれからの成長市場として見据えている。

(2) 企業家精神

わが国のサービス産業には家族企業が発展したものが多く，製造業に比べて資本力が弱いといえる。戦後間もない時期に自ら起業したモノづくりの製造業や旧財閥系企業は再編して成長し，海外進出も早かったのに対し，サービス産業は元来ドメスティックな業界で海外志向には消極的で，国内市場での事業拡大を中心に行っていた。しかし近年，製造業が海外でのブランドを確立するなかで，国内志向であったサービス産業においても海外事業にチャレンジする企業家人材が育っている。

製造業では 1970 年代頃から海外への夢を抱いた企業家が現れたが，サービス産業では 2000 年代頃から新しい世代の企業家が生まれている。ユニクロの柳井正氏，楽天の三木谷浩史氏，ソフトバンクの孫正義氏，良品計画の松井忠三氏に代表されるように，日本食，寿司，ラーメン店などの海外拡大は，中心的リーダーの存在があったからこそ可能となるのである。海外事業は本来的にリスキーな事業であり，それだけに企業家精神による果敢な挑戦がなければ成功できない。第1章で指摘した多国籍企業の定性的な概念である経営者の国際志向は，サービス産業でも同じだといえる。

(3) 経営ノウハウの蓄積

製造業の海外進出が本格化しはじめた 1980 年代以降，サービス産業の海外進出がまったくなかったわけではなく，航空会社系のホテル，デパート，銀行，証券など少数の企業は海外へ進出していた。しかし，顧客は主に在外邦人や日系企業であり，現地市場を本格的に開拓するまでには至らなかった。

しかし，近年のサービス産業の海外進出は現地市場を掘り起こしており，戦略的な国際経営による企業成長を長期的に見据えている。この要因としては，マネジメントノウハウの蓄積が考えられる。日本のサービス産業は国内志向で成長してきたため，海外でも通用するマネジメントノウハウの蓄積は製造業とは違い，まだ浅い。たとえばアメリカのサービス産業の強みは普遍

的な経営マニュアルの蓄積であり，これこそがアメリカの経営（学）の真髄である。これに対して，日本のサービス産業は日本人同士で通じる「以心伝心」の社会で醸成され，海外への経営ノウハウのトランスファーは難しかった。ところが，欧米のサービス産業が日本へ進出するにともなって，マニュアルによる効率的な経営がわが国のサービス産業にも取り入れられるようになった。日本的なサービス精神を基本としながらも，海外でも通用するサービス産業の経営手法を蓄積していることが，近年のサービス産業の海外進出につながっているのである。

（4）M&Aによる進出

これまで本章では，われわれにとってより身近なサービス産業の海外進出を例に挙げたが，このほかにも銀行，証券，保険，情報通信業などの大型企業による海外進出も積極的に行われている。これらの業種は主に欧米，アジア，中国などの主要都市に営業拠点を自らつくる形で進められてきたが，近年では海外企業をM&Aする形で進出している。

M&Aによる海外投資が増加していることは第2章でみたとおりであるが，特にサービス産業では海外M&Aが金額，件数ともに増えている。元来ドメスティックな産業といわれていたサービス産業は，国内市場の拡大とともに徐々に成長してきた。しかし少子高齢化により経済活動の成熟化が急速に進むなかで，成長の糧を海外に求めなければならなくなった。その場合，所有戦略であるグリーンフィールド方式で最初から一歩ずつ海外市場を開拓していくよりも，既存の会社を買収した方が現地市場へのアクセスが早く，買収企業の相乗効果も期待できる。そのため，豊富な資金力をもつ銀行，保険，証券，情報通信業は，M&Aによる海外進出を加速させている。

（5）人材の確保

わが国のサービス産業においては，創業の家族企業（ファミリーカンパニー）が国内市場で成長し，海外進出も手がけるようになったという歴史が

ある。しかし，ファミリーカンパニーの多くは国内市場に注力するあまり，海外事情を担うための人材育成は計画的に行ってこなかった。ところが，家族企業も二世，三世の代になってくると，国際化の流れのなかで海外留学や海外での事業経験を積み重ね，国際志向の人材育成を計画的に行うようになった。その理由は，将来的に国内市場が成熟化するなかで，海外市場に進出するための国際人材の育成を真に考える必要が出てきたからである。

今日，大学生の内向き志向が問題になっているが，これは個別的にみる必要がある。つまり，次世代を担う若者全員が海外へ行きたくないと思っているわけではなく，まだ多くの学生は海外留学したい，海外で働きたい，国際機関で働きたいと思っているのである。全体数からみれば，海外留学の経験者，海外で育った人材が増えており，海外での仕事を夢みる若者，海外と接点をもった仕事をしたいと思っている若者は少なくない。

また，日本で学ぶ外国人留学生，特にアジア，中国からの留学生は相当な数にのぼっている。それらの日本留学経験者は母国に戻り，日本とのかけ橋として活躍している。製造業の国際ブランド化で成長した日本企業は，海外からの留学も引き寄せ，サービス産業の海外進出を担う外国人人材育成につながっているのである。

6 サービス産業のクールジャパン戦略

現在，日本政府はサービス産業の生産性向上や海外進出に力を入れているおり，その1つの取り組みがクールジャパン戦略である。

クール（cool）という言葉は，本来は冷たい，冷やすという意味をもつが，そのほかに「かっこいい」「すばらしい」という意味もある。現在，経済産業省が核となって，政府の成長戦略の一環として「クールジャパン」構想を掲げている。これまで日本が発信するものといえば，自動車や電機製品などの形あるモノであった。これら製品はいまやグローバルブランドとなって，世界の人々からの信頼を勝ち得ている。この日本製品への信頼の上に立って，

今度は日本の伝統文化製品ともいえる和食，映像コンテンツ，衣服，おもてなしなどの，日本独自で海外にも誇れる「かっこいい」サービス産業の進出を後押ししようとしているのである。

　わが国の若者を中心にした生活文化，特にファッションや映画，音楽，アニメはアジアで高い人気があり，食文化では寿司や大衆食，ラーメンやうどんなどに関心が寄せられている。また，キャラクタービジネスもクールジャパン戦略のうちの1つである。台湾のエアライン・エバー航空（Ever Airways）の飛行機の胴体には「ハローキティ」が描かれているが，これは日本企業のサンリオが国内外で展開しているキャラクタービジネスである。もともとは，ディズニーのミッキーマウスが優れたキャラクターとして人気を集めた。このようなビジネスは，縫いぐるみや玩具，置物，衣類や日用品，文具などと一緒になって，その製品以上の効果をもたらすことになる。まさに，ハード面だけでなく，「かっこいい」という心に訴えるソフトな面をもったビジネスである。

　外国人が一度日本のラーメンを食べると，その味が忘れられなくなるという。ラーメンはもともと中華料理の一種であるが，これを日本人好みの麺に進化させたのが今日のラーメンである。いまやニューヨーク，ロンドン，パリ，そして北京やシンガポールなどのアジアの主要都市に広がっている。海外進出したラーメンの代表としては，九州・熊本生まれの「味千ラーメン」，博多生まれの「一風堂」が挙げられる。日本から海外進出した麺料理は，ラーメンだけではない。日本生まれの麺である「そば」や「うどん」も海外で認められるのではないかと挑戦したのが，四国生まれの「丸亀製麺」であり，現在アジアを中心に世界に広がっている。

　また，政府はインバウンドにも力を入れており，日本食や伝統工芸品，ホテルや旅館などの業界では，日本独自のサービスである「おもてなし」文化を知ってもらうことにより，「かっこいい」日本を世界に広めようとしている。内閣府では，クールジャパン戦略を**図表6-9**のように図式化している。

■ 図表6-9 ■ クールジャパン戦略が目指す姿

世界の「共感」を得ることを通じ，日本のブランド力を高めるとともに，日本への愛情を有する外国人（日本ファン）を増やすことで，日本のソフトパワーを強化する

現在の問題点

- CJの目的が共有されていない
- プロダクトアウト
- 世界の視点を意識していない
- 日本の魅力の本質を掘り下げができていない
- 国内外で良い取り組みが行われているが，ネットワーク化されていない

CJの目的を共有
「共感の獲得」
「日本ファン増加」

目指す姿

- CJの狙い，価値観の共有
- 日本ファンの戦略的獲得
- 世界の視点を起点としたマーケットイン
- 外国人との協働
- 日本の魅力の幅の広さと奥深さの追求
- 関係者のネットワーク化による連携強化

取り組む施策

①国全体の整合性を図る枠組みを構築し，機能させる

②縦方向（個別分野，個別地域）の取り組みのさらなる深掘り

③幅広い連携強化を図るための枠組み作り

④日本ファンを効率的に増やす取り組み

⑤知的財産の活用を後押しする取り組み

第 7 章

国際経営のCSRとサステナビリティ

Summary

　1989年の「ベルリンの壁」の崩壊後，旧社会主義国は市場経済体制へと変革した。市場経済への移行は多国籍企業の活動の幅を広げ，国家間のグローバル化を加速させる。この流れは世界の経済活動の活性化に貢献した半面，その活動によるさまざまな社会問題を提起することになった。つまり，このまま世界でグローバル化の流れが広がり，市場経済体制を進めていった場合には世界はどうなるのかという危機意識が生まれたのである。この危機意識が，2015年の国連による「SDGs（Sustainable Development Goals：持続可能な開発目標）」の採択へとつ

ながるのである。SDGsのS＝サステナビリティはいまや，グローバルな経営課題となっている。このSDGsの前提にあるものが，企業と社会との関係である「CSR（Corporate Social Responsibility：企業の社会的責任）」である。CSRは2000年以降注目されるようになった。

　本章では，1970年代終わりに日本でいわれた「企業の社会的責任」の論議とその後のCSRの論議とはどこがどう違うのか，今なぜCSRからサステナビリティに変わってきているのか，そしてそれは多国籍企業の戦略にとってどのような意味をもたらすのかについても考える。

1 「企業の社会的責任」とCSR

(1) 「企業の社会的責任」とCSRの意味合い

　Corporate Social Responsibility は日本語で「企業の社会的責任」と訳されるが，近年の産業界や学会などでは「CSR」の言葉が使われている。2000年代以降，1つのブームといわれるほど，書店にはCSRの名のつく書籍が溢れ，現在でも研究会，セミナーの開催，学会発表も頻繁に行われている。また，企業は立派な「CSRレポート」を作成し，年次報告書と同様に毎年発行している。CSRレポートの内容は企業の社会貢献の取り組み，環境問題，省力化の取り組み，人権や貧困問題への取り組み，社会貢献活動など多岐にわたり，「わが社は今年1年このような社会貢献をしました」ということを各社が競うかのように，すばらしい取り組みを紹介している。企業の社会性や環境問題に関心をもち，大学でのゼミ発表や卒業論文のテーマをCSRにしようと考えている学生にとっては，各社のCSRレポートは格好の生きた資料となっている。

　それでは，なぜこれほどまでにCSRが取り上げられているのであろうか。日本（人）は外来語に弱く，特に英語による表現には新鮮な響きを感じるようである。日本語の「企業の社会的責任」という言葉はこれまでも使われてきており，今から半世紀ほど前の高度経済成長期である1960年代後半には，公害問題を契機に「企業の社会的責任」が厳しく問われた。当時の産業界を代表する経済同友会の代表幹事・木川田一隆（当時の東京電力社長）は，その責任の重大さについてわが国の産業界に警鐘を鳴らした。これが，わが国にとっての企業の社会的責任問題の原点であろう。その後も断片的にこの問題が取り上げられ，特に1971年，1973年の石油ショックによる経済低迷のなかで，有力商社の「買い占め」「売り惜しみ」が起こり，「企業の社会的責任」が問われた。その後，1985年の急速な円高進行により，内需拡大への経

済政策の転換がなされたが，バブル経済崩壊を契機に業績は低迷してしまう。

　われわれが日本経営倫理学会を設立した 1993 年と同じ頃，つまりバブル経済崩壊後に不祥事が相次ぐことになった。不祥事は基本的に企業と社会とのかかわり合いが問われる問題であり，いわば企業の社会的責任の問題と関係する。企業の社会的責任と経営倫理との関係について，カリフォルニア大学バークレー校の企業倫理研究の第一人者，デービット・ボーゲル教授（David Vogel）は「経営倫理（business ethics）の ethics はギリシャ語の"ethikos" であり，その意味するところは品性，人格（character）である。今日，多くの経済活動は組織を通して行われるために，企業の意思決定プロセスにおいて，個々の企業人の品性にあまり関心が注がれなくなった。結果として企業の社会的責任と経営倫理はほとんど同じように使われている。」とし（Vogel 1991），両者が厳密な区別がないまま議論されていることを指摘している。つまり，「企業の社会的責任」問題は経営倫理の問題と同じ領域で議論されているのである。日本経営倫理学会の学会発表でも，経営倫理の課

■ 図表 7-1 ■ 1960 年代以降の企業の社会的責任問題の年代的特徴

年　代	主な内容	原　因
1960年代〜 1970年代初め	産業公害，環境破壊，欠品商品，有害商品	企業活動の過程で事後的に発生し，結果的に反社会的行為となった
1973年 第一次石油ショック後	商社による買占め，売り惜しみ，便乗値上げ，株価操作	最初から反社会的行為であることを知りながら，意図的に引き起こさたものが多い
1990年代の不祥事	価格カルテル，入札談合，贈収賄，インサイダー取引，総会屋対策，利益供与，損失補填，粉飾決算	バブル崩壊による売上，利益の減少，違法であることを知りながら，意図的に引き起こされた ⇒ビジネス理論コンプライアンス体制の認識
2000年代以降 グローバル化・パンデミック	集団食中毒，食肉異装，リコール問題，粉飾決算，原子炉の損傷隠し 気候変動，カーボンニュートラル，CO_2の削減，サステナビリティ	反社会的行為であることを知りながら，意図的に行った ⇒世界的潮流となって，CSRの問題が問われはじめる ⇒2015年，国連のSDGsの17目標設定

出所：筆者作成。

題は企業の社会的責任と同じ領域で研究されている。ところが，学会設立後10年ほど経った2000年代はじめからは，CSR問題が学会の中心課題として取り上げられるようになった。同学会の「CSR研究部会」は産業界からの参加者も多く，これまでいくつかの研究成果も生まれ，現在も活発な研究活動を続けている。

　それでは，企業の社会的責任とCSRは具体的にどのように違うのだろうか。**図表7-1**は，わが国企業で企業の社会的責任が問われた時期を区分したものである。これをみると，2000年代以降に経営倫理が問われていることがわかる。2003年は日本における「CSR元年」と呼ばれるが，80年代からすでにヨーロッパで始まっていたのである。

(2) ヨーロッパにおけるCSRの流れ

　もともと，キリスト教主義に基づくヨーロッパ社会では，アメリカのビジネス文化と異なり，資本の論理の追求とは相容れず，企業と社会との関係について問われてきた。

　CSRの先駆けとなる，企業の道徳的価値観を問うコー円卓会議（Caux Roundtable）がスイスのコーで行われたのは1986年である。日本，アメリカ，フランス，イギリス，ドイツ，オランダ，スイス，イタリア，アイルランドなど世界の有力経営者が集まり，企業と社会とのあり方を議論した。ここでは株主，ステークホルダー，環境，人権問題についてのCSRの意義が共有された。日本からはキヤノン社長（当時）の賀来龍三郎氏が参加し，「共生」の理念を訴えている。コー円卓会議はその後数度の議論を経て，1994年には「企業の行動指針」を採択している。

　CSRはこのようにヨーロッパのビジネス文化を背景に，多様な経営者ネットワークのなかで議論されてきた。その流れのなかでも，ドイツとフランスの企業が中心となって今日の経済社会のあり方を根本的に問う問題を提起した。ドイツ，フランスは同族企業も多く，今日の経済体制のあり方がやがては自国の企業活動への危機意識と捉えていたのである。

　この背景には，1989 年の「ベルリンの壁」の崩壊を契機に，東ヨーロッパ
諸国が西側諸国の経済体制へ移行したことによる経済競争の激化がある。結
果として，経済競争によるさまざまな弊害が生じ，社会問題化した。経済活
動を優先するあまり，多くの社会的問題が浮上してきたのである。この問題
は，単に企業活動の一部ではなく，企業経営の根幹にかかわる問題であると
いう点で，わが国で 1970 年代に騒がれた「企業の社会的責任」の問題とは
異なる。つまり，ヨーロッパ発の CSR は，企業経営の根幹に根差した新次
元の社会と企業とのあり方を問い正しているといえる。

　わが国では 2003 年，ヨーロッパでの CSR の問いかけを受けて，経済同友
会（当時の代表幹事，富士ゼロックス社長小林陽太郎氏）は『第15回企業白
書 「市場の進化」と社会的責任経営』をまとめた。そこでは CSR の意義を
「市場の進化」と捉え，ステークホルダーに対する社会的責任を具体的アク
ションで示すことを企業に促した。具体的アクションとは，CSR 部門の設置，
担当責任者の任命，ボランティア活動，環境への取り組みである。この活動
をまとめたものが「CSR 報告書」である。CSR といえば，この報告書で紹介
される取り組みであると思われがちであるが，それは活動の一部であっても

■ 図表 7-2 ■ 日本企業：社会的責任（1960 年代）から CSR（2000 年代）へ

年　代	内　容
1960年代〜 1970年代初め	• 産業公害，環境破壊，欠陥商品，有害商品などにより，企業の 　社会的責任問題が浮上する
1973年代	• 第一次石油ショック後，商社による買い占め，売り惜しみに対 　する批判が高まり，企業の社会的責任が再浮上する
1990年代	• バブル経済の崩壊による粉飾決算，利益供与，損失補てん，贈 　収賄等の企業不祥事が相次ぐ。経営倫理を問われ，コンプライ 　アンスの遵守が求められる • 1991年，日本経団連が「企業行動憲章」を発表し，経営倫理 　の遵守を要請
2000年代	• ヨーロッパ発のCSRがグローバルな広がりをみせる • 2003年，経済同友会が『第15回企業白書』を取りまとめ， 　CSRの意義や今後なすべき取り組みについて提唱
2020年代	• CSRからサステナビリティへ：国連のSDGs2030年目標の達 　成に向け日本政府，企業が共同参画

出所：筆者作成。

■ 図表7-3 ■ ヨーロッパにおける CSR の流れ

年　代	内　容
1970年代初め	・1972年「ローマクラブ」による人類の危機レポート発表。今日のSDGsともいえる資源と地球の有限性を指摘し，経済活動の社会との調和を国際社会に訴える。 （日本で「企業の社会的責任」もこの頃）
1986年	・企業の道徳的価値観を問うコー円卓会議がスイスで開催。その後1994年，企業の社会責任を問う「企業行動指針」が発表される。
1990年以降	・東ヨーロッパ諸国の市場経済化にともなう環境，人権問題の顕在化。EU内にCSR検討会が設置され，経営者団体，労組，NGOの動きが本格化する。 ・1990年，スイスに本部を置くWBCSD（持続可能な開発のため世界賢人会議）が発足。企業と社会との関係をめぐるさまざまな議論，提言が本格化する。
2000年代以降	・ヨーロッパ，アメリカ，日本の企業におけるCSRの認識が高まり，CSRが世界の経営の潮流になる。2003年はヨーロッパでCSR元年とされる。 ・スイスのダボスで世界の有力経営者，政治家が毎年集う「世界経済フォーラム」で，CSRの認識を共有する。

出所：筆者作成。

CSR の本筋ではない。本来の CSR とは，本業を通じて経済的価値と社会的価値を生みだす企業活動のことである。**図表7-2, 7-3**は CSR についての動きを日本とヨーロッパで比較したものである。

（3）日本でのCSRの芽生え

わが国では，2003 年が「CSR 元年」だといわれている。この契機は，経済同友会が CSR をテーマとする「第15回企業白書「市場の進化」と社会的責任経営」を 2003 年3月に発表したことによる。しかし，これより先の 2000年，関西経済同友会では「企業と社会委員会」において CSR が議論され，2001 年3月にその報告書である「企業と社会との新たな関わり方」が発表された。

経済同友会の企業白書は単に行動規範を謳うだけでなく，企業が自らチェックするためのツールとなるよう，CSR の自己評価シートとして5分野110項目を付した。これを契機として2000年代以降，企業の不祥事が相次い

だことも重なって，産業界が先導する形で取り上げられるようになった。これを機に CSR の普及，CSR 担当者の任命，部門の設置，CSR 活動の具体的活動状況をまとめた CSR 報告書の作成も急速に広がっていったのである。

　「CSR 元年」以降，わが国企業がこれまで行ってきた「企業の社会的責任」活動の一端である寄付行為やメセナ，フィランソロピーなどの社会還元活動だけでなく，企業活動の使命とは何か，本質的課題に目が向けられるようになった。つまり，CSR は新たな企業価値の創造に結びつく，経営の基軸に据えるべきものであるとの捉え方が広まったといえる。

　たとえば，キヤノンの現会長・CEO である御手洗冨士夫氏は「私たちは，環境対応がコストでなく，収益に直結し資源生産性の最大化に貢献する，という信念をもっています。社会性と経営も切り離せませんから，あらゆるステークホルダーとの共生ができない企業は淘汰されると思います」と述べている。また，損害保険ジャパン CEO の平野浩志氏は「市場は企業に対して経済価値の創造だけでなく，環境的価値や社会的価値の創造を求めている。CSR の動きは一過性のブームではなく，世界的に同時進行する大きな潮流であり，企業経営者は，経営感の転換が必要な局面を迎えている」と指摘をしている（高 2004）。これらの発言からみても，CSR は一過性のブームではなく，企業が新たな次元で発展成長していくための経営戦略の一環なのである。

2 企業の社会的責任と今日のCSRの違い

　わが国における企業の社会的責任について，まずは 1960 年代終わりから 1970 年代はじめにかけての問題点をみてきた。そこでの問題は，主に公害問題を契機に問われた企業の社会的責任だった。それでは，今日取り上げられている CSR は，その当時の問題とはどう異なるのだろうか。

　まず，企業の社会的責任は日本発の問題であり，企業の社会性が産業界ではじめて議論される契機となった。一方，CSR は 1990 年代以降，グローバルに広がる市場経済化のなかで，地球環境への危機感をもつ市民意識から生

まれた。CSR はヨーロッパから発せられ，アメリカ，日本をも巻き込む形で世界的な潮流となったのである。こうみると，前者と後者では年代的にも，発祥地や活動範囲の規模，課題の範囲からしても，基本的に違うことがわかるであろう。

わが国における企業の社会的責任問題は，工場煤煙による大気汚染，工場用水による水質汚染などを原因とする身体への影響，相次ぐ企業不祥事が厳しく追及されたことにはじまる。これに対して企業はその責任を厳しく受け止め，さまざまな社会的対応を施してきた。この経緯もあり，現在では，工場をつくる場合には環境対策，水質汚染対策，地域社会との共存共栄の対策は当たり前の課題となっている。

しかし，今日の CSR は，過去の日本企業で問題となった企業の社会的責任とは異なり，それは企業活動の一部として捉えられるものではなく，企業経営の本命である経営戦略（corporate strategy）の一環として捉えるべき課題である。つまり，企業の経営戦略の基本である事業の柱（本業）にかかわる問題なのである。本業を通じて社会に貢献することは企業にとっては当たり前のことであり，今さらながらその是非を問われることはないと思われる。多くの企業は，企業の社会的責任を基本に据えてきたからこそ社会からの信頼を得ることができ，今日までの企業発展に結びついたと考えられよう。

それでは，これまで日本が行ってきた経営と，現在の CSR を基軸にした経営では何がどう違うのだろうか。今日の CSR には，地球上に広がる環境問題や経済格差の問題，貧困や人権の問題，教育格差の問題，価値観の変化に対応して，企業は社会に対して何ができるかという演繹的発想をもととした企業行動のあり方が問われている。CSR を企業活動の一部として「責任を果たさなければならない」との視点から消極的に対応するのではなく，むしろ積極的に新しい経済価値創造の場としての経営を考える必要がある。前者を「守りの CSR」とすると，後者は「攻めの CSR」といえるだろう。

たとえば，2008 年，アメリカで起こったリーマンショックによって，世界最大の企業であった General Motors（GM）が倒産した。その理由の 1 つは，

CSR の認識の違いと考えられる。GM は目先の利益を追って，高燃費で高価格の大型車をつくり続けたが，その一方で日本のトヨタ，ホンダは，環境にやさしいエコカーを開発し，爆発的な人気を得ることになった。これは 21 世紀の企業のあり方を見据え，自動車事業という本業を通じた新しい経済価値の創造を行った，これこそが本業を通しての CSR である。つまり，トヨタやホンダは地球環境を見据えて，燃費を抑えた本業によるイノベーションを行ったのである。このように考えると，日本企業には省エネルギー技術，環境技術，ロボット技術，新素材開発，医療分野の開発など，将来的な新しい価値創造につながる多くの分野があるといえよう。

1990 年代はじめの日本では，企業が社会的責任を果たすべく，メセナやフィランソロピー，慈善事業のための献金活動，ボランティア活動などの必要性が叫ばれ，企業活動による利益の一部を社会に還元することが行われた。しかし，これは「慈善活動」ではあっても，本業に帰する「慈善事業」ではない。これまで企業が行っていた環境対策は，むしろコストを増加させる要因になっていたが，近年では無駄を排して競争力を高めるといった利点をもつようになった。このように CSR を「攻めの CSR」として捉えると，貧困問題，環境エネルギー，男女の雇用問題，教育などの多様な問題の解決に向けて，CSR の意義を考えることができる。

3 CSRからCSVへ
—企業のグローバル戦略で考える

(1) CSVとは何か

近年，CSR とともに Creating Shared Value（CSV）の言葉を耳にするようになった。経営戦略論で名高いハーバード大学のマイケル・ポーター教授（Michael Porter）が，2011 年の『ハーバード・ビジネス・レビュー』誌に掲載した論文 "Creating Shared Value"（邦訳「共通価値の戦略」）がその契機

である。この論文は，社会的価値と経済的価値の両方を創造する次世代の経営モデルを提唱し，これまでわれわれが捉えてきたCSRの問題と同じ領域で考えようとするものである。

ポーターはこの論文のなかで「戦略的CSR」という言葉を使い，企業が行う事業のなかで社会的な課題に応える経営概念の意義を指摘した。ここでいう「戦略的CSR」は戦略的なものでなく，事業そのものを戦略化しようと提唱することである。これがCSVであり，共通価値（shared value）の創造（creating）を事業の柱に据え，経営戦略の中心軸にしている。この考えは新しい企業価値の創造として反響を呼んだが，われわれが捉えるCSRの本質とは変わりない。

しかし，ここで考えなければならないことは，わが国で企業の社会的責任が問題になったときと，CSRそしてCSVが提唱されている今日とでは，社会環境が異なるということである。今日の社会環境の大きな流れとしては，新興国の台頭が挙げられる。現在，先進国企業によるグローバリゼーションは新興国をも巻き込む形で発展しており，さまざまな社会問題が発生している。これは，先進国間での経済活動では考えられなかった新たな問題であり，一企業の立場からではなく，グローバルな規模での問題設定と枠組みのなかで解決しなければならない課題である。

(2) BOP市場との関係

次に，CSVとの関係からBOP市場について考えてみよう。これについては第3章で述べたように，世界人口の約72%にあたる約40億人が年間所得3,000ドル以下のBOP層に当てはまり，その上のMOP（Middle of Pyramid）層は14億人，TOP（Top of the Pyramid）層はわずか1.75億人と推計されている（**図表3-6**）。これからのBOP市場を考えると，約40億人の市場規模が年間所得3,000ドル以下であっても，総額5兆ドルとなり，日本のGDPに匹敵することになる。これまで日本企業がターゲットとしてきた市場は，トップとそれに程近い一部のミドル層だったが，これからはミドル層全体やBOP

層の開拓が重要になってくるであろう。

　ところが，BOP 市場への期待が高まる一方で，そこには貧困問題，社会インフラの整備，環境衛生面の整備，教育環境の整備，食糧改善などの問題が数多く内在している。これらの社会的問題を解決する方法を，企業のCSR の中核に位置づけることが重要である。ポーターはこの局面を，受動的（Responsible）CSR として捉えるのではなく「戦略的CSR」の視点から捉えるべきだとしている（Porter and Kramer 2002）。つまり，企業がそれらの問題解決のために本業を通じて社会貢献することが CSR である。

　たとえば，ヤクルトは「世界の人々の健康を守りたい」を企業理念とし，本業を通してそれを追求し，海外へも事業を展開してきた。同社が 1963 年にスタートしたヤクルトレディによる乳酸菌飲料の宅配は，人々の健康維持と女性の雇用機会創出の 2 点で当時の日本社会に大きく貢献した。この制度は，バングラデシュのグラミン・ダノン・フーズ（グラミン銀行とフランスの食品会社ダノングループとの合弁事業）が BOP ビジネスとして近年考案した，安価で栄養価の高いヨーグルトの販売を担うグラミンレディの原型となっている。

　このほかにも，日本企業が政府，JICA，UNICEF と共同した多種多様のビジネスがある。特別な CSR 活動とはいわないまでも，本業を通して社会に貢献できるビジネスシステムの構築が今問われているのである。

(3) ネスレの事例

　ネスレは「食品の巨人」といわれるほど世界に君臨する企業であるが，主要な市場である欧米新進国は成熟市場であり，将来的には大きな発展は望めない。そこでネスレは長期的展望に立ち，成長市場である新興国にターゲットをあてる経営戦略としてCSV を考えた。ネスレの工場は全世界に 400 カ所ほどあるが，その 3 分の 2 は新興国に置かれており，新興国マネジメントができるかどうかがこれからの企業成長の鍵であることを示している。

　これらの地域はビジネス環境としては障壁も多い一方，将来的には成長が

期待される。ネスレはCSVを掲げる以前，新興国の1つであるブラジルに進出し，貧困，水，食料問題等の社会問題の解決に事業活動を通じて取り組んでいた。この事業活動が結果的にネスレ製品の販売拡大へとつながったのである。このようなブラジルでの経験とポーターの理論的バックグラウンドによって，CSVの考え方が生み出された。

ネスレが掲げるCSVの重点領域は以下のとおりである。

・栄養食品：滋養に富み，おいしく，購入可能な食品，飲料をすべての所得層の消費者に提供する。

・水：自社製品の製造に必要な水の確保と，生活インフラの整備されていない地域などの住民に清潔な水を提供する。

・地方開発：新興国でサプライヤーと消費者に密着した活動に投資し，市場プレゼンスを確立し，農村地帯のコミュニティの生活水準を引き上げる。

ネスレは平均的消費者の食品ブランドとして国際的な市場プレゼンスを確立しているが，持続的な事業成長を図るには，新たな顧客層の開拓が必要である。新興国では経済の急成長により中間所得層が育ち，売上は拡大している。しかし，世界を見渡せば年間所得3,000ドル以下という貧困層（BOP）も多い。そこでネスレが打ち出したのがPPP（Popularly Positioned Product）戦略である。これは新興国，途上国の貧困層に対し，手ごろな価格で高品質で栄養的価値のある商品を提供することを目的としている。PPPは1992年頃からすでに導入されていたが，CSV経営を掲げたのち，全社レベルで推進体制が構築されている（高橋（2019）参照）。

4 サステナビリティとは何か

（1）サステナビリティが問われる背景

近年，「サステナビリティ」が社会の各分野で課題になっている。英語では

Sustainability，つまり「持続性」である。企業は基本的に継続し発展し続けなければならないことから，経営学では「継続企業（Going Concern）」という。持続性も継続性も意味としては同じで，われわれは，経済活動は次へと持続させることを当然のこととして認識してきた。しかし，今ここに来てなぜサステナビリティが大きな社会的課題となっているのであろうか。

　サステナビリティをめぐる議論の根底にあるのは，今の社会において持続性が危ぶまれる問題がさまざまな形で世界各地に広がっている状況である。近年来，経済活動は活発になり，世界経済は活性化し豊かな社会が実現するかのようにみえた。しかし，目を片方に転ずると国家間の経済格差，貧困問題，行き過ぎた市場競争がもたらす環境破壊や気候変動，競争に勝ち抜くための過酷な労働，人権問題など，危惧すべきことが非常に多い。

　経済活動の発展にともなう社会との関連性や調和については，これまで歴史上のさまざまな局面で問われてきた。経済学の始祖とされるアダム・スミス（Adam Smith, 1723-1790）は著書『諸国民の富（The Wealth of Nations）』で，経済活動は自由競争によって社会の発展と自然に調和しゆくものであり，国家は経済活動にあまり関与すべきでないと説いた。この自由競争による市場メカニズムの論理は，今日も厳然と受け継がれている。

　しかし，1989 年の「ベルリンの壁」崩壊後，旧ソ連，中国，東ヨーロッパ諸国が市場経済体制へ移行し経済発展を成し遂げてきたことで市場競争はますます激化している。結果として社会発展との不均衡が生まれ，「持続性」が危ぶまれる事態になっている。

　この経済活動の主体である企業と社会との関係は，経営倫理の視点からも多様な局面から捉えられてきた。近年では CSR や CSV，あるいは経済投資の側面から考える ESG（Environment, Society, Governance）等が課題とされ，わが国の産業界では 2003 年以来，CSR を 1 つの経営課題としてその具体的活動への取り組みを CSR 報告書の形で表してきた。しかし，近年ではヨーロッパ，アメリカに始まり，今や日本企業でも CSR 報告書からサステナビリティ報告書の形に変わってきている。それでは，CSR とサステナビリ

ティでは，何が違うのであろうか。

(2) サステナビリティの広がりとSDGsの採択

「サステナビリティ」という言葉は，1980年の国際自然保護連合（IUCN），国際環境計画（UNEP）による地球保全と自然保護の指針を示す世界保全戦略で使われた「持続可能な開発（Sustainable Development）」から始まった。その後，1987年に国連が発行したレポート「我ら共通の未来（Our Common Future）」で知られるようになり，1992年開催の「環境と開発に関する国際会議（地球サミット）」によって世界中に広まることになった。従って，サステナビリティという言葉自体は1980年代頃から使われ始めている。その当時のサステナビリティは，自然保護や環境問題に注力した課題であった。

それが本格化し，各国が取り組み始めるのは2015年に国連で採択された「SDGs（Sustainable Development Goals : 持続可能な開発目標）」である。ここでは経済の持続的成長，格差問題，気候変動など経済，社会，環境において取り組むべき問題が17の目標と169のターゲットにまとめられた。これは発展途上国，新興国，先進国にかかわらずすべての国が共有しなければならない普遍的な目標である。

CSRがCorporateという企業の経済活動を念頭に置いていることに対し，SDGsはそれよりも広範囲な課題を包含しているのである。今，企業の取り組みがCSRからサステナビリティに変わっているのは，企業活動を持続させるためにはCSRよりも広い領域で社会とのかかわり合いを捉える必要があるからである。その羅針盤ともいえるのが，SDGsの17の目標である。企業は，その目標にかかわる領域でサステナブルな企業活動にするためにはどうしたらいいかを考えなければならない。

わが国でも，今あらゆる場面でSDGsが取り上げられている。この本格的取り組みは，2018年に日本政府が国連の場でSDGsに対して1,000億円を拠出したことで産業界に急速に広まった。

【SDGs　17の目標】

1. 貧困をなくそう（あらゆる場所あらゆる形態の貧困を終わらせる）
2. 飢餓をゼロに（飢餓を終わらせ，食料安全保障及び栄養改善を実現し，持続可能な農業を促進する）
3. すべての人に健康と福祉を（あらゆる年齢のすべての人々の健康的な生活を確保し，福祉を促進する）
4. 質の高い教育をみんなに（すべての人々に包摂的かつ公正な質の高い教育を確保し，生涯学習の機会を促進する）
5. ジェンダー平等を実現しよう（ジェンダー平等を達成し，すべての女性及び女児のエンパワーメントを行う）
6. 安全な水とトイレを世界中に（すべての人々の水と衛生の利用可能性と持続可能な管理を確保する）
7. エネルギーをみんなに，そしてクリーンに（すべての人々の，安価かつ信頼できる持続可能な近代的なエネルギーへのアクセスを確保する）
8. 働きがいも経済成長も（包摂的かつ持続的な経済成長及びすべての人々の完全かつ生産的な雇用と働きがいのある人間らしい雇用を促進する）
9. 産業と技術革新の基盤をつくろう（強靭なインフラ構築，包摂的かつ持続可能な産業化の促進及びイノベーションの推進を図る）
10. 人や国の不平等をなくそう（国内及び各国家間の不平等を是正する）
11. 住み続けられるまちづくりを（包摂的で安全かつ強靭で持続可能な都市及び人間居住を実現する）
12. つくる責任　つかう責任（持続可能な消費生産形態を確保する）
13. 気候変動に具体的な対策を（気候変動及びその影響を軽減するための緊急対策を講じる）
14. 海の豊かさを守ろう（持続可能な開発のために，海洋・海洋資源を保全し，持続可能な形で利用する）
15. 陸の豊かさも守ろう（陸域生態系の保護，回復，持続可能な利用の推進，持続可能な森林の経営，砂漠化への対処ならびに土地の劣化の阻止，回復及び生物多様性の損失を阻止する）
16. 平和と公正をすべての人に（持続可能な開発のための平和で包摂的な社会を促進し，すべての人々に司法へのアクセスを提供し，あらゆるレベルにおいて効果的で説明責任のある包摂的な制度を構築する）
17. パートナーシップで目標を達成しよう（持続可能な開発のための実施手段を強化し，グローバル・パートナーシップを活性化する）

(3) サステナビリティの課題

　SDGs は人間だけでなく地球上の生物すべてを対象に「誰一人として取り残さない」社会の実現を目指している。この目標が設定された今，具体的アクションを起こさなければならないいくつかの課題を考えてみたい。

① 経済格差による社会問題

　世界的な市場経済による競争社会は，経済格差にまつわる多くの社会問題を引き起こしている。貧困，飢餓，教育格差による負の循環はますます拡大しており，このままでは戦争や暴動，犯罪など多くの問題を引き起こすことになる。これらの問題は社会共通の問題として捉えなければならない。

　前節（3）で述べたネスレは，新興国において貧困や飢餓などの問題を解決すべく経済開発を行うことで，自社の潜在需要を掘り起こすという長期的な経営戦略をとっている。社会問題解決のために企業として何ができるか，SDGs に沿った事業戦略として新たなスタンスで考える必要がある。

② 地球環境の危機

　気候変動は今，サステナビリティ問題の最先端であるといえる。それは，われわれの毎日の生活と直接的なかかわり合いがあるからである。

　地球規模での工業化社会の発展により，化石燃料の使用量が拡大した。石炭，石油，天然ガスなどの化石燃料は CO_2 を排出する。CO_2 の排出による気候変動は，干ばつ，大洪水，海水温の上昇，熱波による人体への影響等，まさにわれわれの日常生活に迫る問題である。

　そのため，CO_2 を主とした温室効果ガスの排出量と吸収量をプラスマイナスゼロにする「カーボンニュートラル」は，今緊急の課題となっている。風力や太陽光による発電や，ガソリン車から電気自動車（EV）へのシフトは，SDGs に沿ったイノベーションへの取り組みであるといえる。

③ 人間の生きがいと人権

　市場経済の変革によりあらゆる領域でのグローバル化が進んでいる。特に企業活動は国境を越え，多様な人が働いている。しかし，性別，民族，宗教，年齢による差別の問題は依然として残っている。

　今，わが国では「ジェンダー」や「ダイバーシティ」が盛んに取り上げられている。同質的な文化のなかで育まれてきた日本企業であるが，グローバ

ル化のなかで異質な文化との調和を見出す経営に挑戦しなければならない。
また，多くの企業では今，サステナビリティの課題に「D&I」も加えている。
D は「多様性」の Diversity，I は「包含すること」の Inclusion であり，すべ
ての行動を包含した多様性への取り組みを行おうとすることである。こうし
た課題に対しても，SDGs に沿った具体的アクションが求められる。

第 8 章

国際経営の人的資源

Summary

　国際経営を担うのは人であり，人は経営資源のなかでも最も重要な資源である。モノやカネは経済学では不変資本といわれるのに対し，人は新しい価値を生み出す変容可能な可変資本である。歴史をたどれば，海外市場という新しい分野に挑戦する企業家精神，つまり，要となるグローバルリーダーの存在があったからこそ国際経営は可能になったといえる。国際経営の人材育成は，長期的視野で計画的に育成しなければならない。本章では，具体的にどのような方法で国際的人材を育成するのかについて考える。

　今，わが国の産業界でグローバルリーダーの育成が課題になっている。それは単に語学に力を入れた教育ではない。ますます進むグローバル化社会のなかにあって，ビジネスリーダーの育成に関しては多様な側面から戦略的に考える必要があるだろう。また，国際経営に携わるビジネスリーダーについて，ビジネス倫理教育の側面からも再検討が迫られるアメリカのビジネススクールの新たな潮流にも触れる。

1 人的資源とは

　人的資源，いわゆるヒューマン・リソース（human resource）という言葉が使用される前は，アメリカでも日本でも人事管理（personnel management）の言葉が一般的だった。それが1980年代に入ってから，アメリカ企業の間ではヒューマン・リソース・マネジメント（human resource management）あるいはヒューマン・リソース・デパート（human resource department）の呼び名で担当責任者や担当部門を指すようになった。

　それまでのアメリカ企業には，業績が悪化した場合には容易に一時解雇（lay off）するというような，人を道具のように考える慣行があったことは否定できない。ところが1990年代頃から，企業における人材はいかに貴重で，いかに成長の核となる経営資源であるのか，認識されはじめるようになった。

　国際経営は国境を越えて海外で経営を行うことであるから，まずは本国本社（home country）が海外進出（host country）して会社をつくる場合には，本国本社からエクスパトリエイト（expatriate）と呼ばれる現地駐在員を派遣し，現地の人を雇用して経営活動を行うのが一般的である。この場合，親会社から派遣される人材はどのような資質が必要なのか，そのような人材は企業内で育成できるのか，あるいは外部からスカウトするのかなどの課題が出てくる。また，進出先でどのような事業を行うかによっても，育成する人材や資質が異なってくる。

　生産拠点を設立する場合は，生産現場で働く従業員を大勢必要とする。立地場所によってはこのような人的資源の確保は難しいため，現地の人的資源の確保を事前調査する必要がある。人的資源のなかでも，直接工場に従事する人材の雇用はその大前提の要件である。

　生産現場とは反対に，オフィスで働く人材はマネジメントクラスの人材活用であり，本社からの派遣と現地での採用がある。ところが，わが国の多国籍企業の多くのミドルクラスは日本からの派遣者が占め，現地での人材活用

が行われていないとの批判がある。それは，主要な意思決定は日本からの派遣者によって行われ，現地のミドルクラスには責任権限が与えられていないという批判である。欧米の多国籍企業の人材の活用と異なっているといわれている。

　欧米の多国籍企業が日本に進出した場合，ミドルクラスにもトップクラスにも現地の日本人が就いている。欧米の多国籍企業はその活動の歴史からしても，長い間の経験と普遍的なマネジメントシステムをもっているのに対し，まだ歴史が浅かった日本の多国籍企業は，日本人でなければその経営の仕組みがわからないことが理由といわれてきた。しかし近年では，日本の多国籍企業もこれまでの経験の積み重ねによって一定の経営管理システムを構築しつつあり，ミドル（トップ）・マネジメントクラスの現地活用が積極的に行われている。

　その背景には，日本企業の多国籍企業としての経験ノウハウの蓄積によって現地での人材確保と育成が可能になってきたこと，日本企業に対するイメージ（知名度・新制度など）が高まったことにより優秀なミドルクラスの採用が可能となってきたことが理由として挙げられる。一方で，日本人派遣者の高コストにより，現地の人的資源の確保に切り替えていく必要性が出てきたこともある。

　トップ・マネジメント，つまり最高経営責任者（CEO）の現地採用については，欧米企業は現地の人的資源を活用する傾向にあるのに対して，日本の多国籍企業はその傾向が弱い。トップ・マネジメントは多国籍企業の活動拠点の最高経営責任者であり，その一翼を担う最高責任者として意思決定を行わなければならない。したがって，現地の最高経営責任者は本社の経営ポリシーや経営管理の仕組みを共有していることが必要である。販売拠点のCEOについては，現地のマーケット事業に詳しい人材が適任であるとの理由から，現地の人的資源の活用が日本の多国籍企業でも早くから行われてきた。しかし，生産拠点のCEOについては，日本の本社・工場・技術部門との一体化が求められるため，本社との連携が不可欠の要件であり，本社からの派遣人

材が登用されてきたが，現在ではこの要件に適した人材の発掘・育成が幅広く行われている。

2 グローバルリーダーの育成

(1) 人材育成計画

　企業経営に経営ビジョンの制定や経営計画があるように，人材育成にも長期的な視点をもった人材育成計画があってもよい。ビジネスの計画も人材の計画も，すべてが筋書き通りにうまくいくわけではないため，長期計画は不要だという考えもある。しかし将来を見通すことにより，現在の状況の問題を発見することができる。将来を完全に予測することは不可能であるにしても，事業の方向性や成長の予測は部分的には可能である。

　ビジネスでは思いもよらない不測の事態が起こり，計画の大幅な修正を迫られることがある。しかし，だからといって計画を立てない企業は不測の事態に対応することはできない。将来を完全に予測することはできなくとも，ビジネスの大きな潮流を予測し，将来に向けて企業としてこうありたい，こうしたいという意思を，計画の俎上に載せることはできる。それによって現在の自社の強みと弱みを発見し，ギャップを少しでも埋めていこうとすることに計画の意義があるのである。そのためにはトップである最高経営責任者の意思が反映されなければならなず，経営資源の配分はトップに与えられた戦略的意思決定の領域であるといえる。

　現在，グローバルリーダーの育成問題が活発に論議されているのは，21世紀になってますます進むグローバル市場での事業展開には，グローバルリーダーの存在が不可欠であり，そのための育成方法が課題となっているからである。今日のわが国では多くの産業分野が成熟化し，次なる成長のために海外市場への進出が不可欠の要件になっている。このようなグローバルな経営活動の展開を担っていく専門領域の育成はもちろんのこと，それを統括でき

るリーダーの育成が求められている。グローバルリーダーの育成においては，人材育成計画のなかで，どのような職種でどのレベルのリーダー性が必要とされているかを検討することが必要とされている。

(2) キャリアデザイン

リーダー層の育成のためには，どのような人間をどう育てるかを構想するキャリアデザインの活用が考えられる。キャリアとは，さまざまな業務経験をさせながら人材を計画的に育成し，しかるべきポストに就かせる1つの選抜・エリート教育のことである。

現在の課題となっているグローバルリーダーの育成は，グローバルな経営活動を行う上でリーダーシップをとるトップ層の人材育成を目的としている。しかし，多くの企業では特定部門の限られた職務範囲内で業務経験を積ませるのみで，ゼネラリストであるグローバルリーダーの育成にはつながっていない。よく「優れたスペシャリストは優れたゼネラリストでもある」といわれるが，ゼネラリストとしてのリーダーは，目的的に経営の全般的知識を経験によって学び，幅広い知見を修得していく過程で生まれる。

ある職務をスペシャルにこなす能力と，それらのスペシャルな職務を統括してより優れた成果を生み出すリーダーとしての能力は，異なった次元で生まれるといえよう。そのため，ゼネラルなマネジメント能力を開発するための育成をキャリアのどの時点で取り入れるかが，人材育成での大きな課題となる。なぜなら，能力的にも体力的にも，力を最大限に発揮できる年齢は限られてしまうからである。40歳，50歳でリーダーとして最大限の能力を発揮してもらうためには，30歳代でスペシャリストの仕事をしながら，同時並行でゼネラリストとしての能力開発も行わなければならなくなる。

この問題を解決する方法の1つとして，リーダーの育成を人材育成計画のなかに組み入れた能力開発が挙げられる。この育成プログラムを行うにあたって企業が考えるべきことは，人材を育成する場をどの時点で提供するかである。育成のための場を提供することが企業の人材育成計画の要諦であり，

それは個人の学習意欲を向上させることにもつながる。このようなキャリアデザインは，多用な職務経験を計画的・意識的に積ませることによってリーダーを育成することを目的としている。

　しかし違った視点からみると，育成の機会を与えられなかった人材との間で差別が生まれ，モラールダウンを招く原因にもなってしまう。企業はこれを恐れて，能力開発を明瞭な仕組みにしなかった部分がある。しかし，現在のグローバルリーダーは最高経営責任者1人だけでなく，さまざまな事業拠点でリーダーとなるべき多くの人材を必要としている。モラールダウンを恐れていては，これからの企業は発展していくことはできないであろう。つまり，人間の能力は絶対的なものではなく相対的なものであり，対人との関係から影響を受けて育っていく。そのため，計画的に対人関係をもつ場を与え，リーダーとしての要件を身につけさせることが重要である。

(3) グローバルリーダーの要件―コンセプチュアルスキル・ヒューマンスキル・コミュニケーションスキル

　日本を代表するグローバルリーダーで，日本の財界の1つである経済同友会の元代表幹事・小林陽太郎氏（当時富士ゼロックス会長）は，かつて氏自身が学んだペンシルベニア大学ウォートンスクールでのMBA教育を評価しながらも，グローバルリーダーの要件は「物事を客観的にみることができ，オープンで，正直，人が好きでたまらない人であり，必ずしもMBAを取得していることは必要ではない」と述べている。

　「物事を客観的にみる」とは，事業活動を外から論理的・本質的に捉えられる能力，つまりコンセプチュアルスキルを意味する。ビジネスの現場にいると日常業務に追われ，大きな流れのなかでの問題発見が難しくなる。しかし，リーダーに求められるのは，目前の仕事が企業の経営活動全体のどの部分に属し，どのようにかかわり合い，何が問題なのかを認識する能力である。

　自社の置かれている経営環境が経済全体のなかでどのような方向に動いているのか，たとえば競争の位置，技術トレンド，社会・経済動向などを客観

的に捉える能力でもある。

　また，小林氏は「オープンで，正直，人が好きでたまらない人」というが，これはヒューマンスキル，コミュニケーションスキルといえよう。

　ヒューマンスキルが重要なのは，組織とは生身の人間を通して行われる職務の体系であり，相互の信頼関係に基づく協働がなければ組織目標は達成できないからである。

　また，コミュニケーションスキルは語学力，なかでも英語力が重要である。ビジネスの第一歩は相手とのコミュニケーションから始まるからであり，英語力は最低限の必要不可欠な要件である。

　ただし，現地で携わる職務は多様であり，一律に語学教育を行っても効果は期待できない。たとえば販売に携わる人にはマーケティングや商品知識に関連した語学力が必要であり，経理や財務，総務・人事なども，それぞれの職務に対応した語学力がなければならない。企業は，語学研修においても，各業務の内容に合わせて行うことが求められる。

3 人材育成の方法

(1) Off-JTとOJT

　企業に従事する人が仕事を覚える方法（自己啓発）には，研修などの集団教育による Off-JT（Off the Job Training）と，一連の仕事を通した体験によって学ぶ OJT（On the Job Training）がある。前者は新しい知識を修得し，情報を共有して覚える，いわゆる「形式情報」の領域に入るのに対し，後者は体験や体感によってその人自身が自分の身体で覚え，暗黙的に内在して蓄積されていく「意味情報」の領域に入る。

　仕事は「言葉よりも経験」「研修よりも現場」といわれるように，頭のなかで考えている形式情報よりも実際に現場で体験していく「意味情報」の方が身につきやすいのである。しかし，意味情報を体得するための場（OJT）が

何であるのか，それがどのように職務全体とつながりをもつのかといったように，職務の現場に客観性を与え，正しい意思決定をサポートするためには形式情報が必要である。その意味では，企業人にとって大切なのは，両方の情報を同時並行的に繰り返して学習することである。そうすることによって，経営に対する的確な判断が身につくであろう。

国際事業には，形式情報をもとにいくら綿密に考えても，実際に海外に行かなければわからない部分が多くある。実際に現地へ行き，人々との接触や会話・交渉のなかで，身体で学びとっていく意味情報が大きなウエイトを占めているのである。国際事業の責任者には，知識の修得に加えて，その場その場での的確な判断が要求される。そのためにはまず，現場（オペレーション）に行き，人々が何を悩み，何を期待し，何を求めているのかを察知する必要がある。そのことによってはじめて，現地からみた本質的な問題解決の糸口がみえてくるであろう。グローバルリーダーは本社のデスクで考えるだけでなく，実際に足を運ぶこと，機会をみつけては現地に行くことが大事である。

(2) ビジネススクール派遣

1990年代，社員のビジネススクールへの派遣は，ほんの一部の企業だけで行われていたが，近年ではその数も増え，日本から有名な欧米のビジネススクールへ入学することは困難になってきている。また，企業派遣だけではなく，最近では自費でのビジネススクール入学も増えている。

ビジネススクールでは相当レベルの語学力が要求されるため，語学力の向上が期待できる。それに加えて異文化での社会経験が同時にできるという点で，人材育成の方法としては最も効果的であるといわれている。また，講義はハードなので，その教育効果には大きな期待が寄せられている。しかし，コストや入学の難易度，帰国後の処遇を考えると，ビジネススクールへの派遣については是非論がある。つまり，ビジネススクールを卒業しても，それに見合う処遇や職務内容の満足度の点で問題があるのである。しかし，ビジ

ネススクールへの派遣は最近のわが国における主要企業の間では，研修の多様性を吟味した上での有効な人材育成法の 1 つとして認知されてきている。業種や研修目的によって派遣者数や派遣期間は異なるが，メーカー，銀行，証券，商社などでは定期的に派遣しており，その数は現在では相当な数にのぼっている。

(3) 専門職教育機関

　アメリカの経営と日本の経営の違いとしては，一般的にアメリカがスペシャリスト志向であるのに対して，日本はゼネラリスト志向であることが指摘される。アメリカでは専門知識をもって会社から会社へと転職し，グレードを上げていくのに対して，日本は会社のなかで多用な職種をこなしながら，会社内でのグレードを上げていく。前者は外部労働市場が開かれているのに対して，後者は内部労働市場であり，基本的には外部には閉鎖的である。企業が安定して成長しているときには，内部労働市場のなかで人材配置の定型的仕組みをつくることができるが，企業成長が停滞してくるとその配置転換は難しくなる。かといって，すぐに外部労働市場へと売り込むのはさらに難しい。社内では通用するが社外では通用しないといわれる日本のサラリーマンの典型的な姿と揶揄されることもある。

　一方アメリカには，それぞれの道にはプロが必要だという考え方が伝統的にある。これは日本のように，年功を積んでプロになっていくという考え方とは基本的に異なっている。プロになるためには専門知識を学ぶことが必要であり，それは社会が認める人材評価の尺度となる。マネージャーやディレクター，経営者になるためには，まずプロとしての専門知識を学んでいるかどうかが課題になるのである。アメリカのアンダーグラデュエイト（学部課程）は，いわば一般教養（liberal arts）を学ぶ場であり，そこを卒業して経験を重ねたとしても，専門知識を学んでいなければグレードアップは期待できない。自らのグレードを上げるためにはその道の専門の資格をとることが必要であり，そのキャリアパスがビジネスに携わるアメリカ人の出世の道と

されている。アメリカ大企業500社のCEOの3人に1人は，MBA（経営学修士）をもっているといわれている。そしてこの割合は年々高くなっている。このような現状をみると，若いときにMBAを取得した方が，将来リーダーになる道が広がっていくといえる。

　日本では2004年から法科大学院がスタートし，それとあわせて会計やビジネスの専門職大学院も本格的に始動した。対象とする学生はすでに社会で活躍している社会人であるが，2年間の修業年限で納める授業料は高く，チャレンジする人は何としても専門的資格を得なければならないという相当の覚悟が必要である。法科大学院では司法試験の合格，アカウンティングスクールでは公認会計士や税理士といった国家資格の取得，ビジネススクールでは経営のグローバル化・複雑化に対応した専門知識の修得というように，それぞれ学ぶ目的がはっきりしている。このような専門機関での人材育成の場も広がっている。

4 アメリカのビジネススクールの新たな潮流 —ビジネス倫理教育に関連して

（1） 2001年9月の同時多発テロ事件後

　アメリカでは経営幹部に就くために，若いときにMBAを取得することがキャリアデザインの基本となりつつある。このような人材育成のニーズに対応して，アメリカ各地の大学はこぞってMBAコースを開設した。しかし，近年ではさまざまな見通しと改革に迫られている。

　直接的なインパクトの1つとしては，2001年9月11日のアメリカ同時多発テロ事件が考えられる。テロ事件以降，留学生のアメリカ入国のためのビザ発給は厳しく制限されるようになった。その理由は，テロリストたちがアメリカ入国の際に留学生を装い，戦略を練り上げてからテロを起こしたため，警戒心が高まっているからである。それ以前は比較的簡単に留学目的で入国

できたが，現在では厳重な審査の上でようやくビザが発給されるという現状にある。

　ビジネススクールの入学希望者は，以前は国内外から殺到し，合格者は受験生の上位20〜25％のみだった。ところがテロ事件以後は大きく変わり，有名ビジネススクールでもパスラインが35％以下に引き下げられている。カーネギーメロン大学のビジネススクールでは，入学定員を250人から140人に減らしたと伝えられている（*Business Week*, 2005, April 18）。

　筆者が2003年から2004年にかけて客員教授を務めたニューヨークのペース大学ビジネススクールはニューヨークのダウンタウン地区にあり，ウォールストリートに近く，9.11で崩壊したワールドトレードセンターへは徒歩10分ほどの距離である。ビジネスパーソンが働きながらMBAを取得するには最高の場所といえるが，9.11のテロ事件では，ペース大学の卒業生47人，在校生4人が犠牲となった。そのため，テロ事件以降，海外からの留学生はもちろん，アメリカ国内からの入学者も減少しており，ペース大学だけでなくニューヨーク市内の大学はどこも減少傾向にあるといわれている。

　ビジネススクールの入学者が減少している要因は，高い授業料にもある。2000年始めの時点ではアメリカのビジネススクールの授業料は1年間平均3万3,774ドル（2005年時点の金額。2017年現在，1ドル110円換算だと約370万円）であるといわれている。MBAの修業年限は2年間であるから，6万8,000ドル（約770万円）近い授業料を支払う必要がある。これに加えて，食費や住居費などの生活費の負担もある。そのため，ニューヨークにあるコロンビア大学のMBAの学生は，年間約6万4,000ドル，2年間で12万8,000ドル（約1,400万円）の大金を用意しなければならないことになる。卒業後に就職した場合の年間収入が平均8万4,000ドルといわれるなかで，これはあまりにも高すぎるといえる。たとえ就職が決まったとしても，MBA就学中2年間の借金はすぐには返せないのである。

　アメリカ一辺倒だったビジネススクールはいまや世界各地に開設されており，これもアメリカでの入学者減少の要因となっている。周知のとおり，わ

が国では慶應義塾大学，早稲田大学，一橋大学，神戸大学，青山学院大学，中央大学，国際大学などにビジネススクールが設置されている。ヨーロッパではフランスの INSEAD，イギリスの LONDON，スイスの IMD，スペインの IESE などがある。アジアでは，シンガポールにはアメリカやヨーロッパから出先のビジネススクール（INSEAD，CHICAGO，MIT）が開設されている。中国の上海には CEIBS（China Europe International Business School）ができ，欧米の教授陣を迎えてすべて英語での授業を行う本格的な中国版 MBA コースが人気を呼んでいる。このようなビジネススクールのグローバル化ともいえる世界的な広がりにより，以前のようにアメリカのビジネススクールへ行かなくとも，各地域でも学べる状況になってきているのである。

(2) ビジネススクール教育への疑問

　現在，アメリカのビジネススクールが抱えるもう 1 つの問題は，ビジネススクール教育への疑問がもたれていることである。1980 年代はじめに経営戦略手法の 1 つである Product Portfolio Management（PPM）がもてはやされたとき，このアメリカのマネジメントノウハウは「分析麻痺症候群」（Paralysis by Analysis Syndrome）と揶揄された。実際の経営は，分析的なマネジメントノウハウだけで説明できるものではない。何よりも企業は意思をもった人間の集合体であるし，どのような場合でもビジネスは社会とのかかわり合いのなかにあるのである。

　現在，アメリカのビジネススクールでは専門的立場からのマネジメントノウハウの教育が求められているが，その反面，経営をトータルで捉えた本質的意義の教育が見失われている。この現状については，ビジネススクールで学ぶ学生，採用側である企業からはもちろん，多くの学部長からも，その改革の必要性について，近年のハーバード・ビジネス・レビュー誌で詳しく述べられている（Bennis and O'Toole 2005）。その主張は，いまやアメリカのビジネススクールは本来の目的であるプロフェッショナル・リーダーの育成という使命を見失い，あまりにも専門分野（同論文では Scientific Model とい

う言葉を使っている）の研究・教育に偏っており，今日のダイナミックなビ
ジネスに対応できる教育内容にはなっていないというものである。

　そしてこの最大の原因は，教える側であるファカルティー（大学教員）の
育成と評価に問題があるためだと主張している。ファカルティーが終身雇用
権（tenure）をとろうとすると，その評価としては科学的モデルによって緻
密に構築された論文が唯一の判断基準となる。それは結果的には現実の経営
とはかけ離れた象牙の塔的論理へと展開されていく。本来のビジネススクー
ルでは教育に主眼が置かれていたため，実務で相当の経験を積んだ人がファ
カルティーの一員として教鞭をとっていた。しかし現在では，それは皆無に
近い。このような背景があり，ビジネススクールでは科学性と実用性のバラ
ンスを取り戻すための教育体系に変革することが求められている。

　世界屈指のコンサルタント会社であるマッキンゼーは，採用者の対象を，
かつての"MBA75%：学部卒25%"から"MBA25%：学部卒75%"に逆転
させたといわれている。これは，MBAで学んだ単なる専門知識よりも，よ
り幅広い知識と実際的な工学系の技能が望まれている現状を表しているだろ
う。そして，学部卒業者をOJTで鍛えながら，幅広い知識を修得させるため
の企業内人材育成の方法を取り入れはじめた（*Business Week,* 2005, April 15.
また，アメリカのビジネススクール批判については，最近ではジャーナリス
トのダフ・マクドナルドによる「世界経済を欲まみれにしたハーバードの罪」
（日本版『ニューズウィーク』2017年6月13日）がある。）。

(3) 企業倫理教育の強化

　ダラス大学の元学長であったトーマス・リンゼー（Thomas Linsay）は「ア
メリカのビジネススクールの学生たちは富を最大化するための計算方法を勉
強することにその時間の95%を費やしてきた。道徳的な力を養うために費や
される時間はわずか5%足らず」と述べている（Bennis and O'Toole 2005）。
これはアメリカのビジネススクールがいかに道徳・倫理の問題を取り上げて
こなかったかを表している。

近年のわが国でも，多発する企業の不祥事によってビジネス・エシックス（企業倫理）教育の強化が必要とされている。ビジネス・エシックスとは，狭い専門的分野で議論される科学的モデルのみを紐解くのではなく，企業と社会，企業と人間という幅広い見地から，企業のあり方を問い直そうとする動きである。1970年代はじめに起きたウォーターゲート事件（共和党が民主党の本部ウォーターゲートホテルで盗聴していたことが発覚し，当時のニクソン大統領の辞任にまで発展した事件）まではあまり聞き慣れない言葉であった。そしてその後もしばらくの間は，正面から取り上げられることはなかった。

　ところが，2001年のエンロン事件，2002年のワールドコム事件の発生によって，ビジネス・エシックスは産業界やビジネススクールにおいて最大の課題となった。実際，エンロン事件以前のビジネススクールでカリキュラム調査を行ったところ，3分の1のスクールでしかビジネス・エシックスを必修科目に入れていなかったのである。1990年代のアメリカ経済繁栄の裏には，不正行為もいとわず利益を追求する企業の実態が透けてみえてくる。2つの事件後の2002年，アメリカのビジネススクールのほとんどがエンロン事件をケースとして取り上げ，ビジネス・エシックスのコース開講やカリキュラムの変更が求められた。

　ペンシルベニア大学ウォートン・スクールは，ビジネス・エシックスが話題になる前の1980年代から，この分野に力を入れていた。エンロン事件，ワールドコム事件以後の2003年，ウォール・ストリート・ジャーナル誌によるビジネススクールランキングでは，この特徴と卒業生の活躍により，企業のリクルーターからの評価が第1位になった。ウォートン・スクールでは，"Ethics and Responsibility"のクラスを入学初年度の学生全員の必修科目とし，ビジネス・エシックスへの理解を深めるきっかけを与えている。

　ハーバード・ビジネス・スクールでは，すべての学生に「リーダーシップと倫理」の講義をとるように要求しており，ダートマス大学では近年の不祥事をテーマに，学生，教授，そして一般市民を巻き込んで行うディベート形

式の授業を取り入れている。また，コロンビア大学では企業倫理とリーダーシップの問題を専門に研究する研究所を開設した。イエール大学は新学部長のもと，企業倫理問題を継続的にシリーズとして取り上げるセミナーの開設を行っている。ラトーガス大学やメリーランド大学のビジネススクールでは，ビジネス・エシックスの科目を受けるだけでなく，その意義を肌で感じてもらうため，収賄などの罪を犯した人と直接会話するための刑務所訪問を行っている。このほかにも，近年トップの「ビジネススクール」といわれているところでは，ビジネス・エシックスの教育にさまざまな趣向を凝らして開講している。

(4) ドラッカースクールとPRME
① クレアモント大学院大学ドラッカースクール

　前述したアメリカのビジネススクールの流れをもとに，本項ではカリフォルニアにあるクレアモント大学院大学のドラッカースクールの取り組みを紹介したい。ドラッカースクールは，ロサンゼルスから100マイルほど離れたクレアモントという小さな町にある。筆者は2010年の夏にここを訪問し，その取り組みについて詳しく知ることができた。

　クレアモント大学院大学は1925年の創立であるが，ビジネススクールは1971年にドラッカー（Peter F. Drucker）がニューヨーク大学（NYU）から移ってくるのと同時に開校された。ドラッカーはここで92歳になる2001年春まで教え，2005年秋に95歳で亡くなった。

　2009年はドラッカー生誕100年にあたり，アメリカや日本において氏の功績を振り返るさまざまな催しが開かれた。ドラッカーがNYUからクレアモント大学院大学に移ったときは，すでに数々の著名な本を出版し世界のビジネス界で有名になっていた。ほかにもドラッカーは働きながら経営学修士（MBA）を取得するプログラムをつくり，これまで内外で多くのビジネスリーダーを育成してきた。1987年にはドラッカーのクレアモントでの功績を称え，ドラッカー・マネジメントスクール（Peter F. Drucker Graduate School of

Management）と命名された。その後，日本のイトーヨーカ堂の創立者であ
る伊藤雅俊氏がその発展のためにと計2,300万ドル（約23億円）を寄付した
ことにより，氏の名前も冠して Peter F. Drucker and Masatoshi Ito Graduate
School of Management となる。本スクールは，ドラッカーがかねてより主張
していた「マネジメントはリベラルアーツ」の言葉を理念とし，単なる経済
学，経営学の知識だけではなく，広く歴史，社会，法学など諸科学を学ぶこ
とを重視したカリキュラムをもとに教育を行っている。

　筆者は2010年の2月中旬にドラッカースクールを訪ねた。その理由は40
年前に遡る。私が20代中頃のとき，わが国で経営学がブームになりはじめて
いたが，当時誰もがこぞって読んだ本が『現代の経営』（*The Practice of
Management*, 1954年）である。この本は，経営学者よりもビジネスに携わる
実務界のトップ・リーダーに大きな影響を与えた。しかし，真のドラッカー
研究者は，この本よりもむしろ処女作である『「経済人」の終わり』や『産業
人の未来』（*The Future of Industrial Man*, 1942年）を読んでいた。

　当時の経営学といえばアメリカが主流であり，その翻訳書や解説書で語ら
れるのは経営のノウハウ論（principles of management）が多く，社会経済，
そして企業を歴史的視点から考察した書籍はほとんどなかった。ところが前
述のドラッカーの著作は産業社会の現実を独自の歴史観で捉え，それを担う
企業の目的，マネジメントとは何かを提起したのである。また，ドラッカー
経営論に拍車をかけたのが，氏の来日により直接の講話・対話ができたこと
である。当時の日本事務能率協会（現・日本経営協会）がドラッカーセミナー
と称して，氏を幾度か招聘し，経営者との交流を実現させたのである。

② ドラッカースクールの挑戦—PRMEとは

　ドラッカーの教え子は現在，ビジネス界で活躍している。氏の亡くなった
あとは彼らが中心となって，2006年にドラッカースクールアドバイザリー
ボード（諮問機関）を設け，記念研究所のドラッカー研究所（The Drucker
Institute）をつくった。さらに2007年には，21世紀の課題となっている環

境や人権問題，CSRをビジネス教育の柱とする「責任ある経営教育原則」（Principle of Responsible Management Education：PRME）を，ドラッカースクールがイニシアチブをとり，国連グローバル・コンパクト（1999年，当時の国連事務総長，コフィー・アナン（Kofi Annan）により提唱された，人権・労働・環境・腐敗防止の4項目からなる10の原則）をもとに制定した。これは当時の学部長であるアイラ・ジャクソン（Ira Jackson）を筆頭とした主要なビジネススクールの学部長，学長，代表者からなる60人のタスクフォースである。

　PRMEの使命は，国連グローバル・コンパクトの諸原則をビジネス教育のなかに取り入れていこうとする取り組みであり，21世紀のビジネス社会が直面するであろうさまざまな問題にビジネスリーダーが対応できるよう，経営教育の持続的な改善を目指すものである。近年の学界でCSRや企業の持続性（sustainability）が重要視されるようになったとはいえ，ビジネス教育において主要な体制にはなっていない。そのためPRMEは，ビジネススクールが中心となって新しいカリキュラムや研究教育方法，制度的な仕組みを開発しようとしている。現在これに賛同している世界の大学（アメリカ，ヨーロッパ，南米，アジア，中国）や諸機関は2015年現在で800以上である。

　また，PRMEは，**図表8-1**のような6つの原則を制定している。この原則は，企業と社会，環境，人間との相互の発展のためのビジネス教育を取り入れていかないといけないとするグローバル・コンパクトの教育版といってもよい。これは，不祥事が多発している近年のわが国におけるビジネス・エシックス教育の強化にもつながっている。狭い専門的分野で議論される科学的モデルのみを紐解くのではなく，企業と社会，企業と人間という幅広い見地から，企業のあり方を問い直すことが今求められているのである。ドラッカースクールが提唱するPRMEは，これに応えることができるような，教育方法を見直す手段の1つとなるであろう。

■ 図表 8-1 ■ 国連グローバル・コンパクト PRME（責任ある経営教育原則）が
掲げる 6 つの原則

6つの原則
The 6 Principles

原則1（目的）
学生たちが，将来において，持続可能なビジネス・社会を自らつくり上げ，あるい
は持続可能なグローバル経済の一員として活躍できるような教育を提供する。
(Purpose: We will develop the capabilities of students to be future generators of
sustainable value for business and society at large and to work for an inclusive and
sustainable global economy.)

原則2（意義づけ）
UNGCでも謳われているような「グローバルな社会責任」を，日々の学術研究や
教育活動，および組織の実務のなかにしっかりと意義づける。
(Values: We will incorporate into our academic activities, curricula, and
organisational practices the values of global social responsibility as portrayed in
international initiatives such as the United Nations Global Compact.)

原則3（教育方法）
「責任あるリーダーシップ」を効果的に教育し，定着させるための枠組み・教材・
カリキュラムの開発や，場の提供に努める。
(Method: We will create educational frameworks, materials, processes and
environments that enable effective learning experiences for responsible leadership.)

原則4（リサーチ）
持続可能な社会・環境・経済をつくり出す上で，企業はどのような役割を果たし，
影響力をもつのか，ということについての社会的な理解を深めるために，理論・実
証の両面から研究を重ねる。
(Research: We will engage in conceptual and empirical research that advances our
understanding about the role, dynamics, and impact of corporations in the creation
of sustainable social, environmental and economic value.)

原則5（パートナーシップ）
企業経営陣が，社会・環境に対する責任を果たそうと取り組むときは，彼らと積極
的にかかわるとともに，そういった取り組みが効率的かつ効果的に遂げられる方法
を探究する。
(Partnership: We will interact with managers of business corporations to extend our
knowledge of their challenges in meeting social and environmental responsibilities
and to explore jointly effective approaches to meeting these challenges.)

原則6（対話）
地球規模での社会責任および持続可能性に関して，教育者，学生，実務家，政府，
消費者，メディア，市民団体，そのほか各種関係組織・ステークホルダーなどの間
での対話やディスカッションを支援・促進する。
(Dialogue: We will facilitate and support dialog and debate among educators,
students, business, government, consumers, media, civil society organisations and
other interested groups and stakeholders on critical issues related to global social
responsibility and sustainability.)

出所：梅津（2002）および PRME ウェブサイト（https://www.unprme.org/）より引用。

エピローグ
—グローバリゼーションとは何か

■■■■■■■■■

1 国際化とグローバル化

　日本企業の海外進出が本格化しはじめた 1970 年代から 1980 年代では「国際化」（internationalization）という言葉が一般的で，「グローバリゼーション」（globalization）の言葉はほとんど使われていなかった。グローバリゼーションの言葉が一般化し，本格的に産業界で議論されはじめたのは，1990 年代以降のことである。「国際化」が問題になりはじめた頃，その言葉は日本から海外へモノやヒトが一方的に流れていくことを意味していた。1970 年代はじめ，われわれが日本企業の海外進出の問題に取り組みはじめたとき，日本企業の「国際化」推進の要はヒトにあるという視点から，人材育成をどう進めるかを課題にした。そのとき議論になったのが，「国際化」とは日本から海外への一方的な流れだけを意味しているのかということであった。

　この背景には，当時すでに海外から日本に進出してビジネスを行っている外資系企業も多いということがあり，われわれは，海外から日本へのインフローも含めて考えることが真の国際化の意味ではないかという議論を行った。そこで，その相互の関係を包含した人材の育成の考え方として「国際事業の人材育成」という言葉を使った。つまり，国内でも外国人・外国企業との接点のある業務が行われ，そのための人材育成を考えなければならないということである。

　この上に立って，今日の日本と海外との関係を，進出国と受け入れ国との2 国間関係だけで「国際化」を捉えることは実態を反映していない。なぜならば，最初は 2 国間取引ではじまった企業の海外進出も，半世紀以上を経た現在では多国間の企業取引にまたがり，世界的規模の多国籍企業として相互

の結びつきを強化した事業活動を行っているからである。この実態こそが今日の「グローバリゼーション」であり，その具体的推進力となっているのが多国籍企業の行動である。

　そして，グローバル企業はいまや日本，欧米などの先進国企業だけでなく，中国やアジア企業にも出現している。今日の企業活動のグローバル化は，欧米や日本企業の海外進出がますます進むなかで，それを加速させる形で旧社会主義国の市場経済も加わり，国境を越えた企業活動へとさらなる広がりをみせるようになった。

　「国際化」と「グローバリゼーション」の違いについて，エンデル・J. コルデ（Endel Kolde）は，著書 *The Multinational Company*（山田栄作・野村忠訳『多国籍企業の経営学』鹿島研究所出版会，1973 年）のなかで，国際経営論の視点から一国中心的多国籍企業を「モノセントリックモデル」，多数国中心的多国籍企業を「ポリセントリックモデル」と捉え，発展モデル化した。今から半世紀前の国際経営学者が考えたこの 2 つのモデルこそが，今日の「国際化」と「グローバリゼーション」を考えるための基本を提示しているのである。

　しかし，今日の「グローバリゼーション」は，企業活動が先進国間だけでなく発展途上国，新興国といった新しい経済環境のなかでその成長を追求している。そして，いまや企業のグローバリゼーションの実態は業種，業態，進出方式，経営資源の多様な結びつき（ネットワーク）のなかで経営活動を行っている。これはコルデがモデル化した経営活動の単純な広がりではなく，質的にも違った多様な活動のなかで今日のグローバリゼーションは進んでいる。

2　グローバリゼーションと対日直接投資

　グローバリゼーションは地球規模で多国間にまたがるさまざまな活動の結びつき（ネットワーク化）により，全体の経済成果達成を目指している。多国籍企業は地球上のさまざまな地域での事業活動によって，経営全体の成果達成を目指すことは経営戦略の重要課題である。本国本社の事業活動もグ

ローバルな経営視点からみればその活動の１つであり，経営資源の配分もその全体最適のなかで行われる。現に，わが国の先進的多国籍企業は，海外売上が全体収益の半分以上，あるいは３分の１以上であるところが多い。それらの企業は，本国本社の事業もグローバルな経営活動の１つとして捉えられる。多国籍企業がグローバルな経営活動のなかで発展しているのは，進出地域の経済発展や雇用に貢献しているからである。

　これを今度は，外国企業のグローバリゼーション，つまり日本での外国企業の事業活動を考えてみよう。外国企業がわが国の経済発展や雇用の創出に貢献しているとすれば，それはアクティブに受け入れられるべき経済活動である。実際に，わが国でも幅広い領域で，外資系企業の進出によって経営活動が活性化され，雇用も創出されている。これはまさに，グローバリゼーションの概念である外国企業の日本進出による経済活動の活性化であり，海外から日本への対日投資の流れである。

　海外から日本への投資を積極的に受け入れることにより日本経済の活性化につなげようと，日本政府や産業界でさまざまな施策を試みている。しかし，本書でみてきた日本から海外への投資と比べると，その額はきわめて少ない。2020 年の場合，日本から海外への対外投資残高が 190 兆円を超えたのに対し，外国企業からの対日投資残高は 26 兆円弱程度である。その内訳でみると，欧州が 39％，北米 26％，アジア 27％，中国 6％と欧米からの投資が 65％近くを占める。特殊な業種を除いて常識で考えた場合，人件費が高い日本の製造業に多く投資することは考えにくい。それに対し，サービス産業を含む非製造業の対日投資は高い。なかでも，サービス産業のかなりの部分を金融，保険業が占めている。グローバルな視点からみれば，日本はアジアで唯一の高所得国であるため，世界の金融保険業界が日本市場を狙っているといえる。

　これを年度でみると，2020 年の財務省が発表した対日投資額は 8 兆 2600 億円である（**図表 1**）。残高ベースでみても，2020 年は 25 兆 9100 億円である。地域別でみると，ヨーロッパ（約 10 兆円），北米（約 6.7 兆円），アジア

■ 図表1 ■ 年度別対日直接投資

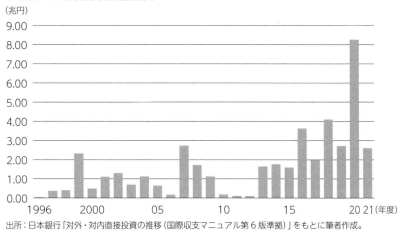

(兆円)

出所：日本銀行「対外・対内直接投資の推移（国際収支マニュアル第6版準拠）」をもとに筆者作成。

（約7兆円）である。アジアのなかでも投資が多いのは香港，シンガポール
で，投資先は非製造業の分野である不動産や金融関係のファイナンス事業が
挙げられる。ただ，2021年度は新型コロナウイルスによるパンデミックの影
響で，やや停滞している。

　外国企業が対日投資を行うことによって国内の企業との競争が強化され，
それが刺激となって新製品や新技術の開発，マーケティング手法や経営ノウ
ハウの修得につながり，日本企業の競争力強化になる。日本の製造業の発展
をみると，製品のルーツは欧米で発明発見されたものも多い。それがわが国
に導入されることによって生産技術の進化が行われ，日本の「モノづくり」
による国際競争力の強化とつながってきた。欧米での発明発見がプロダクト・
イノベーション（Product Innovation）といわれるのに対し，日本での生産技
術の進化はプロセス・イノベーション（Process Innovation）といわれる。対
日投資による異文化との交流，異文化圏との人のつながりは，新しいものの
見方や夢，希望が出てくるものである。グローバリゼーションの意味を「内
なる国際化」あるいは「本社の国際化」を含めて捉え，日本経済の活性化の
ために，対日投資がしやすい経済環境を目指した重点施策が課題である。

3 インバウンドとアウトバウンド

近年，海外から日本に観光客を引き込もうとする「インバウンド」のためのさまざまなキャンペーンが行われている。反対に「アウトバウンド」とは，日本から海外に出ていくことを意味する。島国である日本にとって海を越えて外国へ行くことは1つの夢であったし，国際化について考えるときは，まず海外に行くアウトバウンドが先行していた。

しかし近年では，アジア，中国などの近隣諸国の経済発展により，訪日外国人が増加している。海外から日本へ来てもらうことは経済効果も大きく，これをわが国の経済発展につなげようと日本政府はインバウンド政策に力を注いでいる。かつて年間1,000万人の訪日客を迎るのが目標だったが，2016年では年間2,600万人，2019年には3千万人を超えた。その先さらにインバウンド効果は全国で高まったが，2020年，2021年では新型コロナのパンデミックの直撃により，その数は大きく減少した（**図表2**）。しかし，2022年10月に政府の水際対策が大幅に緩和され，ようやく徐々に回復に向かいつつある。海外との交流が活発になれば，あらゆる局面でのグローバル化が進んでいく。この現状は，これまでわれわれの常識のなかにあった日本から海外への一方への流れ，つまり「国際化」ではなく，両方向からの流れである「グローバリゼーション」の視点で考える契機になっているといえよう。

訪日外国人を迎えることは喜ばしいが，それに対応した社会環境の整備が今日の課題であり，わが国社会の「内なる国際化」をどう進めていくかの課題でもある。海外からの訪問客に適切な対応ができなければ，政府が進めるインバウンド政策も意味をなさなくなる。この状況は日本企業のグローバリゼーションと同じであり，今度は受け手として「日本の国際化・グローバル化」をどう進めるかの契機になる。本社の最高経営トップから，ミドルマネジメント，そしてさまざまな職能部門が国際的マインドの醸成に取り組んでいかなければならない。

■ 図表2 ■ インバウンドとアウトバウンドについて

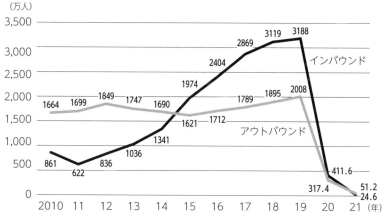

※ 2011年は東日本大震災発生年。
出所：日本政府観光局（JNTO）「年別　訪日外客数, 出国日本人数の推移」（2022年9月）をもとに筆者作成。

参考文献

第1章

浅川和宏（2003）『グローバル経営入門（マネジメント・テキストシリーズ）』日本経済新聞社。

企業研究会監修，高橋浩夫編著（1993）『国際事業の企業家精神―先駆者21人のドキュメント』中央経済社。

ジェトロ（2021）「世界貿易投資動向シリーズ　中国」日本貿易振興機構。

ジェフリー・ジョーンズ著，桑原哲也・安室憲一・川辺信雄・榎本悟・梅野巨利訳（1998）『国際ビジネスの進化』有斐閣。

ジェフリー・ジョーンズ著，安室憲一・梅野巨利訳（2007）『国際経営講義―多国籍企業とグローバル資本主義』有斐閣。

竹田志郎編（2011）『新・国際経営』文眞堂。

中華人民共和国国家統計局編（2016）『中国統計年鑑』中国経済年鑑出版社。

中国商務部（2016）「中国対外投資合作発展報告2015」2月。

D.A.ヒーナン・H.V.パールミュッター著，江夏健一・奥村晧一監修，国際ビジネス研究センター訳（1990年）『グローバル組織開発―企業・都市・地域社会・大学の国際化を考える』文眞堂。

東洋経済新報社（2016）『海外企業進出総覧［会社別編］2016年版』東洋経済新報社。

中村久人（2010）『グローバル経営の理論と実態（新訂版）』同文舘出版。

吉原英樹（1997）『国際経営』有斐閣アルマ。

吉原英樹編（2002）『国際経営論への招待』有斐閣ブックス。

レイモンド・バーノン著，霍見芳浩訳（1973）『多国籍企業の新展開―追いつめられる国家主権』ダイヤモンド社。

Fortune（2016）The Fortune 2016 Global 500.

Organisation for Economic Co-operation and Development［OECD］（2017）Foreign Direct Investment（FDI）flows.

第2・3章

大石芳裕・桑名義晴・田端昌平・安室憲一監修，多国籍企業学会著（2012）『多国籍企業と新興国市場』文眞堂。

関　志雄（2005）『中国経済のジレンマ―資本主義への道』ちくま新書。

清田耕造（2015）『拡大する直接投資と日本企業』NTT出版。

国際通貨基金（2016）「世界経済見通し」10月。

国分良成編（2011）『中国は，いま』岩波新書。

高橋浩夫（1991）『グローバル経営の組織戦略』同文舘出版。

竹田志郎編著（1994）『国際経営論』中央経済社。

日本銀行（2016）「直接投資・証券投資等残高地域別統計」。

林　倬史（2016）『新興国市場の特質と新たな BOP 戦略―開発経営学を目指して』文眞堂。

真家陽一（2022）「中国の 2021 年の経済動向と今後の展望」2022 年 2 月 14 日『一般社団法人
　　国際貿易投資研究所ホームページ』（https://iti.or.jp/flash/504）。

Kobayashi, N. (ed.)（1997）*Management: A Global Perspective*, Japan times.

第 4 章

アルフレッド・D. チャンドラー・ジュニア著，三菱経済研究所訳（1967 年）『経営戦略と組
　　織―米国企業の事業部制成立史』実業之日本社。

E.J. コールド著，天野明弘監修，中川功訳（1976）『多国籍企業―その行動と経営管理』東洋
　　経済新報社。

H.I. アンゾフ著，広田寿亮訳（1984）『企業戦略論』産能大学出版部。

大前研一（1987）『トライアド・パワー―三大戦略地域を制す』講談社。

J.M. ストップフォード・L.T. ヴェルズ著，山崎清訳（1976）『多国籍企業の組織と所有政策
　　―グローバル構造を超えて』ダイヤモンド社。

高　巌著，日経 CSR プロジェクト編（2004）『CSR（企業の社会的責任）企業価値をどう高め
　　るか』日本経済新聞社。

高橋浩夫（2011）『テキスト 現代の国際経営戦略』中央経済社。

P.J. ストニヒ編，野中郁次郎・原田行男・高橋浩夫訳（1984）『実行の経営戦略』ダイヤモンド社。

Porter, M.E. and M.R. Kramer（2006）Strategy and Society: The Link between Competitive
　　Advantage and Corporate Social Responsibility, *Harvard Business Review*, Vol.84, No.12,
　　December, pp.78-92.

Takahashi, H.（2013）*The Challenge for Japanese Multinationals: Strategic Issues for Global
　　Management*, Palgrave Macmillan.

第 5 章

浅川和宏（2011）『グローバル R&D マネジメント』慶應義塾大学出版会。

岩田　智（2007）『グローバル・イノベーションのマネジメント―日本企業の海外研究開発活
　　動を中心として』中央経済社。

榊原清則（1995）「日本企業の研究開発マネジメント―"組織内同形化"とその超克」千倉書房。

高橋浩夫（2000）『研究開発のグローバル・ネットワーク』文眞堂。

林幸秀（2013）『科学技術大国 中国—有人宇宙飛行から，原子力，iPS 細胞まで』中公新書。

元橋一之（2013）『グローバル経営戦略』東京大学出版会。

Gammeltoft, P.（2006）Internationalisation of R&D: Trends, Drivers, and Managerial Challenges, *International journal of technology and globalization*, Vol.2 No.2, pp.177‐199.

Kuemmerle, W.（1997）Building Effective R&D Capabilities Abroad, *Harvard Business Review*, Vol.75, No.2, March‐April.

第 6 章

梅津光弘（2002）『ビジネスの倫理学（現代社会の倫理を考える（3））』丸善。

江夏健一・大東和武司・藤沢武史（2008）『サービス産業の国際展開（シリーズ国際ビジネス 4）』中央経済社。

M.Y. ヨシノ著，石川博友訳（1977）『日本の多国籍企業—世界市場に生き残れるか』ダイヤモンド現代選書。

川端基夫（2000）『小売業の海外進出と戦略—国際立地の理論と実態』中央経済社。

佐和隆光（1990）『サービス化経済入門—その全データと展望』中公新書。

総務省（2022）「放送コンテンツの海外展開に関する現状分析（2020 年度）」（https://www.soumu.go.jp/main_content/000817306.pdf）。

総務省統計局（各年）「国勢調査」。

内閣府経済社会総合研究所国民経済計算部（2016）「国民経済計算年報　平成 26 年度」5 月。

中谷　巌（1987）『転換する日本企業』講談社現代新書。

労働政策研究・研修機構（2022）「早わかり　グラフでみる長期労働統計」。

McCraw, T.K.（1997）*Creating Modern Capitalism: How Entrepreneurs, Companies, and Countries Triumphed in Three Industrial Revolutions*, Harvard University Press.

Sauvant, K.P. and P. Mallampally（1993）*Transnational Corporation in Service*, Routledge.

第 7 章

関西経済同友会（2001）「企業と社会との新たな関わり方」3 月。

経済同友会（2003）「第 15 回企業白書「市場の進化」と社会的責任経営」3 月。

高橋浩夫（1998）『日米企業のケース・スタディによる企業倫理綱領の制定と実践』産能大学出版部。

高橋浩夫（2016）『戦略としてのビジネス倫理入門』丸善出版。

高橋浩夫（2019）『すべてはミルクから始まった—世界最大の食品・飲料会社「ネスレ」の経営』同文舘出版。

高橋浩夫（2021）『"顧客・社員・社会"をつなぐ「我が信条」―SDGs を先取りする「ジョンソン・エンド・ジョンソン」の経営』同文舘出版。

高橋浩夫（2022）『YKK のグローバル経営戦略―「善の巡環」とは何か』同文舘出版。

デービッド・ボーゲル著，小松由紀子・村上美智子・田村勝省訳（2007）『企業の社会的責任（CSR）の徹底研究 利益の追求と美徳のバランス―その事例による検証』一灯舎。

名和高司（2015）『CSV 経営戦略 ＝Creating Shared Value for Management Innovation―本業での高収益と，社会の課題を同時に解決する』東洋経済新報社。

日本経営倫理学会監修，高橋浩夫編著（1998）『日米企業のケース・スタディによる企業倫理綱領の制定と実践』産能大学出版部。

水尾順一（2010）「戦略的 CSR の価値を内包した BOP ビジネスの実践に関する一考察」『駿河台経済論集』（駿河台大学），第 20 巻第 1 号，1-36 頁。

リン・シャープ・ペイン著，鈴木主税・塩原通緒訳（2004）『バリューシフト―企業倫理の新時代』毎日新聞社。

Porter, M.E and M.R. Kramer（2002）The Competitive Advantage of Corporate Philanthropy, *Harvard Business Review*, Vol.80, No.12, December, pp.57-68.

Porter, M.E. and M.R. Kramer（2011）Creating Shared Value, *Harvard Business Review,* January-February.

Vogel, D.（1991）Business Ethics: New Perspectives on Old Problems, *California Management Review*, Summer, pp.101-117.

第 8 章

石田英夫（1985）『日本企業の国際人事管理』日本労働協会。

企業研究会（2003）「グローバル人材育成に関するアンケート報告」。

白木三秀（2006）『国際人的資源管理の比較分析―「多国籍内部労働市場」の視点から』有斐閣。

高橋浩夫（2005）『グローバル企業のトップマネジメント―本社の戦略的要件とグローバルリーダーの育成』白桃書房。

P.F. ドラッカー著，上田惇生編訳（2000）『チェンジ・リーダーの条件―みずから変化をつくりだせ！』ダイヤモンド社。

フランシス・J. アギュラー著，水谷雅一監訳，高橋浩夫・大山泰一郎訳（1997）『企業の経営倫理と成長戦略』産能大学出版部。

安室憲一（1982）『国際経営行動論―日・米比較の視点から』森山書店。

Bennis, W.G. and J. O' Toole（2005）How Business Schools Lost Their Way, *Harvard Business*, Vol.83, No.5, May, pp.96-104.

資　料

日本の代表的多国籍企業

資料2は，『海外進出企業総覧［会社別編］2016年版』（東洋経済新報社，2016年）をベースに，日本の多国籍企業の研究の対象となり得る企業を筆者独自の視点から選出したものであり，厳密な定量的基準，定性的基準を設けて作成したものではない。

自動車

- トヨタ自動車
- 三菱自動車
- 日産自動車
- スバル
- 本田技術工業
- いすゞ自動車
- スズキ
- 日野自動車
- マツダ
- 三菱ふそう

機械製造

- 三菱重工
- 住友電工
- 川崎重工
- 住友重機械
- ＩＨＩ
- 矢崎総業
- ヤマハ発動機
- ファナック
- 東芝機械
- YKK
- クボタ
- 日本電産
- コマツ
- マブチモーター
- アイシン精機
- 古河電気工業

電気・光学器械

- 日立製作所
- アルプス電気
- 東芝
- 日本電気
- 任天堂
- 三菱電機
- パナソニック
- セイコー
- ソニーディングス
- オメガ
- キヤノン
- シチズンホール
- シャープ
- アドバンテスト
- 三洋電機
- TDK
- デンソー
- 船井電機
- リコー
- 日本ビクター
- コニカミノルタホールディングス
- オムロン
- セイコーエプソン
- 村田製作所

健康・生活用品

- 花王
- コーセー
- 資生堂
- TOTO
- カネボウ化粧品
- 住生活グループ
- ライオン

金属製品

- 新日住金鐵
- 日立金属
- JFEホールディングス
- 大同特殊鋼
- 神戸製鋼
- 三井金属
- 三菱マテリアル
- 日本軽金属
- 日新製鋼

化学製品

- ブリヂストン
- 旭化成
- 富士フイルム
- 旭硝子
- 京セラ
- 住友ゴム工業
- 東レ
- 日本板硝子
- 帝人
- 日亜化学
- 三菱ケミカルホールディングス
- 太平洋セメント
- 住友化学
- 信越化学工業
- 三井化学
- 積水化学工業

医薬・バイオ製品

- 武田薬品
- エーザイ
- 第一三共
- ロート製薬
- アステラス製薬

健康・飲料の製造

- JT
- サントリー
- キリンビール
- 大塚ホールディングス
- アサヒビール
- 味の素
- サッポロビール
- キッコーマン
- ヤクルト

スポーツ用品

- ミズノ
- デサント
- アシックス

エネルギー資源の採集・製造

- 昭和シェル石油
- INPEX（国際石油開発帝石）
- 新日鉱グループ
- JAPEX（石油資源開発）

建設・エンジニアリング

- 鹿島
- 五洋建設
- 大成建設
- 竹中工務店
- 清水建設
- 千代田化工
- 大林組
- TEC

商社

- 三菱商事
- 住友商事
- 伊藤忠商事
- 兼松
- 三井物産
- 長瀬産業
- 豊田通商
- 丸紅
- 双日

小売

- セブン＆アイ・ホールディングス
- 三越伊勢丹ホールディングス
- イオン
- 高島屋
- ファミリーマート
- ファーストリテイリング
- 無印良品

物流輸送

- 日本郵船
- 日本通運
- 商船三井
- ヤマトホールディングス

銀行・証券・保険

- 野村ホールディングス
- みずほフィナンシャルグループ
- 大和証券
- オリックス
- 三井住友フィナンシャルグループ
- ソフトバンク
- 三菱UFJフィナンシャル・グループ

資料2 アジアの有力企業一覧

　本リストは日本経済新聞社が2015年11月からアジアの有力企業300社以上を「Asia300」に選んで企業名を公表しているものである。以下は，『日本経済新聞』「「Asia300」企業の一覧」（2016年10月5日，http://www.nikkei.com/article/DGXMZO07981900U6A001C1000000/）掲載の資料である。「Asia300」には中国，香港，韓国，台湾，シンガポール，タイ，マレーシア，インドネシア，フィリピン，ベトナムのASEAN主要6ヵ国，インドの上場企業が選抜の対象となっている。なお，本リストは本書の意義を理解され，特別に日本経済新聞法務室知的財産管理センターの許可を得て掲載するものである。

中国／香港（82社）

■続く国有企業優位

　中国・香港からは中国経済の屋台骨となる国有企業に加え，ネット通販市場を切り開いてきたアリババ集団，ネット大手の騰訊控股（テンセント）など急成長する民営企業も選びました。

　共産党一党独裁で党と表裏一体の国有企業が経済を牛耳る中国。時価総額ランキングの上位でも金融や通信，エネルギー関連の国有企業が並びます。特に中国工商銀行，中国建設銀行，中国銀行，中国農業銀行の「四大商銀」が圧倒的な力を持つ金融分野では，その独占ぶりが目立ちます。

　資源権益を買いあさるエネルギー関連も国有企業が中心です。中国石油天然気（ペトロチャイナ），中国石油化工（シノペック），中国海洋石油（CNOOC）の大手3社はその象徴で，今や英蘭ロイヤル・ダッチ・シェルや米エクソンモービルなど欧米メジャーと肩を並べる存在感を世界で放っています。

　中国の市場経済体制づくりの一翼を担う民営企業も見逃せません。アリババ，テンセント，ネット検索大手の百度（バイドゥ）は厳しい外資規制が敷かれる中国のネット市場で競争力を磨き，世界展開をもくろむ存在です。不動産の万科企業や家電量販の蘇寧雲商など民営企業が活躍する業種の幅も広がっています。

　保険大手のAIAや通信などを手掛ける複合企業の長江和記実業（CKハチソンホールディングス）など，香港を代表する企業も選びました。

社名	業種	社名	業種
中国工商銀行	金融	中国石油化工（シノペック）	石油・ガス
中国移動	通信	AIA	金融
中国石油天然気（ペトロチャイナ）	石油・ガス	百度（バイドゥ）	ネット
アリババ集団	ネット	中国中車	鉄道車両
中国建設銀行	金融	中国中信（CITIC）	複合企業
騰訊控股（テンセント）	ネット	長江和記実業（CKハチソンホールディングス）	複合企業
中国銀行	金融	中国海洋石油（CNOOC）	石油・ガス
中国農業銀行	金融	中国神華能源	石炭
中国人寿保険	金融	貴州茅台酒	飲料
中国平安保険	金融	中国電信	通信

社名	業種
中国中鉄	建設
新鴻基地産発展	不動産
ジャーディン・マセソン・ホールディングス	複合企業
京東集団（JDドットコム）	ネット
恒生銀行	金融
中国交通建設	建設
中国船舶重工	造船
中国海外発展	不動産
香港取引所	取引所
上海汽車	自動車
中国鉄建	建設
百麗国際控股（ベル）	衣料
万州国際	食品
三一重工	建設機械
キャセイパシフィック航空	航空
春秋航空	航空
TCL集団	電子機器
蒙牛乳業	食品
青島ビール	飲料
利豊	卸売業
華潤ビール	飲料
上海電気集団	電機
蘇寧雲商	小売り
美的集団	電機
中国核電	電力
スワイヤパシフィック	複合企業
珠海格力電器	電機
中国国際航空	航空
京東方	電子機器
中国遠洋	海運
広州汽車集団	自動車

社名	業種
復星国際	金融
安徽海螺水泥	セメント
長城汽車	自動車
宝山鋼鉄	鉄鋼
銀河娯楽集団	カジノ
楽視網	ネット
中国東方航空	航空
恒安国際集団	日用品
東風汽車集団	自動車
中国南方航空	航空
中興通訊（ZTE）	通信機器
恒隆地産	不動産
中国旺旺	食品
重慶長安汽車	自動車
聯想集団（レノボ）	情報機器
東亜銀行	金融
新世界発展	不動産
康師傅控股	食品
ウィーロック	複合企業
招商局港口	運輸
周大福珠宝集団	宝飾品
中国聯通	通信
緑地控股	不動産
長江実業地産	不動産
香港鉄路（MTR）	鉄道
万科企業	不動産
比亜迪（BYD）	自動車
CLP（中電控股）	電力
恒基兆業地産	不動産
華能国際電力	電力
PCCW	通信

■非財閥系の成長株も

　スマートフォンや半導体メモリー世界大手のサムスン電子，自動車世界大手の現代自動車など42社を選びました。韓国は大手財閥が国家経済を支えており，顔ぶれにはサムスン，現代自，LG，SKの四大財閥の傘下企業が目立ちます。電機や自動車，鉄鋼，造船など日本と産業構造が似ているのも特徴です。

　一方，非財閥系の有望ベンチャーも登場しています。インターネットのネイバーやカカオ，バイオ後続品（バイオシミラー）のセルトリオンなどです。こうした成長株も積極的に紹介していきます。

社名	業種	社名	業種
サムスン電子	電機	セルトリオン	医薬品
現代自動車	自動車	ロッテケミカル	化学
韓国電力公社	電力	ハナ金融持ち株会社	金融
サムスン物産	建設・商社	LG電子	電機
現代モービス	自動車部品	LGディスプレー	電子機器
起亜自動車	自動車	KT	通信
SKハイニックス	半導体	ハンミサイエンス	医薬品
サムスン生命保険	金融	サムスンSDI	電子機器
新韓金融持ち株会社	金融	現代グロービス	物流
LG化学	化学	ロッテショッピング	小売り
サムスンSDS	情報	現代重工業	造船
ネイバー	ネット	現代製鉄	鉄鋼
SKテレコム	通信	カカオ	ネット
SK	情報	イーマート	小売り
ポスコ	鉄鋼	オリオン	食品
KT&G	たばこ	ハンコックタイヤ	自動車部品
LG生活健康	日用品	CJ第一製糖	食品
KB金融持ち株会社	金融	現代建設	建設
アモーレパシフィックグループ	日用品	サムスン重工業	造船
SKイノベーション	石油・ガス	大韓航空	航空
韓国航空宇宙産業	航空機	斗山重工業	機械

■IT企業が主体に

　半導体受託生産会社（ファウンドリー）大手の台湾積体電路製造（TSMC）や電子機器の受託製造サービス（EMS）の鴻海（ホンハイ）精密工業，スマートフォン（スマホ）向け集積回路（IC）

設計を得意とする聯発科技（メディアテック）などハイテク企業を中心に40社を選びました。化学大手の台湾塑膠工業（台湾プラスチック）や中国で即席麺などを展開する食品・流通大手の統一企業などもありますが，やはり，主体はIT（情報技術）。バイオテクノロジーなどITの次を模索する動きにも注目が集まります。

社名	業種	社名	業種
台湾積体電路製造（TSMC）	半導体	遠東新世紀	繊維
鴻海（ホンハイ）精密工業	情報機器	聯華電子（UMC）	半導体
中華電信	通信	研華（アドバンテック）	情報機器
国泰金融控股	金融	宝成工業	衣料
富邦金融控股	金融	台湾水泥（台湾セメント）	セメント
台湾塑膠工業（台湾プラスチック）	化学	儒鴻企業（エクラット・テキスタイル）	繊維
台達電子工業（デルタ電子）	電子機器	豊泰企業	衣料
聯発科技（メディアテック）	半導体	群創光電（イノラックス）	電子機器
大立光電（ラーガン・プレシジョン）	電子部品	南亜科技（ナンヤ・テクノロジー）	半導体
中国信託金融控股	金融	友達光電（AUO）	電子機器
統一企業	食品・流通	巨大機械工業（ジャイアント）	自転車
中国鋼鉄	鉄鋼	仁宝電脳工業（コンパル）	情報機器
日月光半導体製造（ASE）	半導体	光宝科技（ライトン）	電子機器
兆豊金融控股	金融	長栄航空（エバー航空）	航空
可成科技（キャッチャー・テクノロジー）	金属部品	宏達国際電子（HTC）	通信機器
華碩電脳（エイスース）	情報機器	中華航空	航空
広達電脳（クアンタ）	情報機器	裕隆汽車製造	自動車
和泰汽車	自動車	長栄海運	海運
和碩聯合科技（ペガトロン）	情報機器	上銀科技（ハイウィン・テクノロジーズ）	機械部品
正新橡膠工業	自動車部品	宸鴻光電科技（TPK）	電子部品

インド （44社）

■財閥系やIT・医薬が並ぶ

　インドの三大財閥であるタタ・グループ，リライアンス・グループ，ビルラ・グループの中核企業のほか，エネルギー業界からはコール・インディアなど国営企業を網羅しています。インド経済の「稼ぎ頭」となったIT（情報技術）サービスや後発薬の企業も選んでいます。

社名	業種	社名	業種
タタ・コンサルタンシー・サービシズ	情報技術	ITC	たばこ
リライアンス・インダストリーズ	石油・化学	インフォシス	情報技術

社名	業種
石油天然ガス公社（ONGC）	石油・ガス
コール・インディア	石炭
HDFC	金融
インドステイト銀行	金融
ヒンドゥスタン・ユニリーバ	日用品
ICICI銀行	金融
ウィプロ	情報技術
バルティ・エアテル	通信
マルチ・スズキ	自動車
ラーセン・アンド・トゥブロ	建設, エンジニアリング
タタ自動車	自動車
HCLテクノロジーズ	情報技術
インド国営火力発電公社（NTPC）	電力
インディアン・オイル	石油製品
ルピン	医薬品
アジアン・ペインツ	塗料
バジャジ・オート	自動車
マヒンドラ・アンド・マヒンドラ	自動車
ドクター・レディーズ・ラボラトリーズ	医薬品
パワー・グリッド・コーポレーション・オブ・インディア（PGCIL）	電力

社名	業種
ボッシュ	自動車部品
ネスレ・インディア	食品
シプラ	医薬品
ヒーロー・モトコープ	自動車
アイデア・セルラー	通信
バーラト重電	重電
ダブール・インディア	日用品
ゴドレジ・コンシューマー・プロダクツ（GCPL）	日用品
NMDC	鉄鉱石
ジー・エンターテインメント・エンタープライゼズ	エンターテインメント
ゲイル（インディア）	ガス
グラシム・インダストリーズ	化学
マザーソン・スミ・システムズ	自動車部品
ベダンタ	天然資源
ユナイテッド・ブルワリーズ	食品・飲料
タタ製鉄	鉄鋼
タタ電力	電力
ヒンダルコ・インダストリーズ	非鉄
アダニ・エンタープライゼズ	卸売り
サン・ファーマシューティカル・インダストリーズ	医薬品

シンガポール（22社）

■積極的に海外展開

　東南アジア通信最大手のシンガポール・テレコム（シングテル）や不動産大手のキャピタランド，倉庫大手のグローバル・ロジスティック・プロパティーズ（GLP）など23社を選びました。いずれも市場の小さなシンガポールにとどまらず，積極的に海外展開している企業群です。

社名	業種
シンガポール・テレコム（シングテル）	通信
DBSグループ・ホールディングス（DBS）	金融
オーバーシー・チャイニーズ銀行（OCBC）	金融
ユナイテッド・オーバーシーズ銀行（UOB）	金融
ウィルマー・インターナショナル	農業
キャピタランド	不動産

社名	業種
シンガポール航空（SIA）	航空
ラッフルズ・メディカル・グループ	病院
シンガポール・テクノロジーズ・エンジニアリング	防衛
ハイフラックス	水処理
バンヤンツリー・ホールディングス	ホテル
セムコープ・インダストリーズ	複合企業

社名	業種
シンガポール・プレス・ホールディングス (SPH)	メディア
スターハブ	通信
オラム・インターナショナル	商社
UOLグループ	不動産
シンガポール・ポスト	郵便

社名	業種
ケッペル・コーポレーション	複合企業
グローバル・ロジスティック・プロパティーズ (GLP)	倉庫
シンガポール取引所（SGX）	取引所
シティ・デベロップメンツ	不動産
コンフォートデルグロ	陸運

インドネシア（25社）

■資源企業や華人系が目立つ

　自動車製造販売最大手アストラ・インターナショナル，銀行大手バンク・セントラル・アジア（BCA），通信最大手テレコムニカシ・インドネシアなど25社を選びました。石炭大手アダロ・エナジー，国営非鉄大手アネカ・タンバンなど資源大手や不動産最大手リッポー・カラワチなど華人系企業の存在感が光ります。

社名	業種
バンク・セントラル・アジア (BCA)	金融
ユニリーバ・インドネシア	日用品
テレコムニカシ・インドネシア	通信
バンク・ラクヤット・インドネシア（BRI）	金融
アストラ・インターナショナル	複合企業
マンディリ銀行	金融
グダン・ガラム	たばこ
プルウサハアン・ガス・ヌガラ (PGN)	石油・ガス
カルベ・ファルマ	製薬
セメン・インドネシア	セメント
インドフード・スクセス・マクムル	食品
ブミ・スルポン・ダマイ	不動産
リッポー・カラワチ	不動産

社名	業種
XLアクシアタ	通信
スンブル・アルファリア・トリジャヤ	小売り
アダロ・エナジー	石炭
ウィジャヤ・カルヤ	建設
ブキット・アサム	石炭
チプトラ・デベロップメント	不動産
グローバル・メディアコム	メディア
サラトガ・インベスタマ・スダヤ	金融
アネカ・タンバン	資源
ガルーダ・インドネシア航空	航空
ヘロー・スーパーマーケット	小売り
ミトラ・アディプルカサ	小売り

タイ（25社）

■食品関連が多く

　タイ石油公社（PTT）や携帯最大手アドバンスト・インフォ・サービス（AIS），素材最大手サイアム・セメント・グループ（SCG）など25社を採用しました。華人財閥系のチャロン・ポカパン・フーズ（CPF）やツナ缶世界最大手のタイ・ユニオン・フローズン・プロダクツ（TUF）な

ど食品関連企業が多いのがタイの特徴です。

社名	業種
タイ石油公社（PTT）	石油・ガス
アドバンスト・インフォ・サービス（AIS）	通信
サイアム・セメント・グループ（SCG）	セメント
サイアム商業銀行（SCB）	金融
CPオール	小売り
タイ・ビバレッジ	飲料
タイ空港会社（AOT）	空港
カシコン銀行	金融
バンコク銀行	金融
バンコク・ドゥシット・メディカル・サービシズ（BGH）	病院
PTTエクスプロレーション・アンド・プロダクション（PTTEP）	資源開発
トゥルー・コーポレーション	通信
クルンタイ銀行	金融

社名	業種
セントラル・パタナ	不動産
トータル・アクセス・コミュニケーション（DTAC）	通信
チャロン・ポカパン・フーズ（CPF）	食品
マイナー・インターナショナル	ホテル
インドラマ・ベンチャーズ	化学
デルタ・エレクトロニクス・タイランド	電機
タイ・ユニオン・グループ	食品
バンプー	石炭
イタリアン・タイ・デベロップメント（ITD）	建設
タイ国際航空	航空
イチタン・グループ	飲料
サハ・パタナピブン	日用品

マレーシア（22社）

■目立つユニーク企業

　銀行最大手マラヤン・バンキング（メイバンク），同2位パブリック・バンク，電力最大手テナガ・ナショナルなど22社を選びました。病院経営大手IHHヘルスケア，天然ゴム手袋世界最大手，トップ・グローブなどユニークな企業も目立ちます。

社名	業種
マラヤン・バンキング（メイバンク）	金融
テナガ・ナショナル	電力
パブリック・バンク	金融
アクシアタ・グループ	通信
サイム・ダービー	農業
IHHヘルスケア	病院
ペトロナス・ケミカルズ・グループ	化学
マキシス	通信
CIMBグループ・ホールディングス（CIMB）	金融
ゲンティン	ホテル，カジノ
テレコム・マレーシア	通信

社名	業種
YTL	複合企業
ホンリョン・フィナンシャル・グループ	金融
アストロ・マレーシア・ホールディングス	メディア
サプラ・エナジー	石油関連
マレーシア・エアポーツ・ホールディングス	空港
ハルタレガ	医療関連
MMCコーポレーション	建設
トップ・グローブ	医療関連
QLリソーシズ	食品
エアアジア	航空
DRBハイコム	自動車

フィリピン（20社）

■消費関連企業に特徴

　名門財閥アヤラ・コーポレーション，複合企業サンミゲルなど20社を採用しました。ショッピングモールなどを展開する小売り最大手SMインベストメンツや，同国の国民食ともいわれるファストフード大手ジョリビー・フーズなど特徴的な消費関連企業が目立ちます。

社名	業種	社名	業種
SMインベストメンツ	小売り	GTキャピタル・ホールディングス	複合企業
SMプライム・ホールディングス	不動産	ジョリビー・フーズ	外食
アヤラ・ランド	不動産	アライアンス・グローバル	複合企業
JGサミット・ホールディングス	複合企業	インターナショナル・コンテナ・ターミナル・サービシズ(ICTSI)	港湾
アヤラ・コーポレーション	複合企業	DMCIホールディングス	建設
PLDT	通信	メトロ・パシフィック・インベストメンツ	複合企業
ユニバーサル・ロビーナ	食品	サンミゲル	複合企業
マニラ電力（メラルコ）	電力	LTグループ	複合企業
BDOユニバンク	金融	ブルームベリー・リゾーツ	カジノ
アボイティス・パワー	電力	セブ・エア	航空

ベトナム（5社）

社名	業種	社名	業種
ベトナム・デイリー・プロダクツ（ビナミルク）	食品	ペトロベトナム・ガス	石油・ガス
		ビングループ	不動産
ベトコムバンク	金融	FPT	情報技術

資料 3 日本企業現地法人数（製造業，2021 年）

順位	会社名	業種	現地法人数(社)	上位進出国（現地法人数）		
				1位	2位	3位
1	パナソニック	電気機器	252	中国 (68)	タイ (22)	マレーシア (21)
2	ダイキン工業	機械	185	中国 (34)	アメリカ (31)	マレーシア (10)
3	デンソー	輸送機器	134	中国 (29)	アメリカ (17)	タイ (10)
4	ホンダ	輸送機器	127	アメリカ (24)	中国 (15)	インドネシア (12)
5	キヤノン	電気機器	106	アメリカ (11)	中国 (10)	マレーシア (5)
6	東レ	繊維・衣服	105	中国 (22)	アメリカ (11)	インドネシア (9)
7	＊ 住友電装	電気機器	103	中国 (28)	フィリピン (8)	ベトナム (6)
8	コニカミノルタ	電気機器	98	中国 (13)	アメリカ (11)	イギリス, フランス, 他 (6)
9	ニプロ	精密機器	94	中国 (11)	アメリカ (8)	ベルギー, エクアドル (6)
10	住友電気工業	非鉄金属	93	中国 (20)	アメリカ (13)	タイ (10)
10	日立製作所	電気機器	93	中国 (26)	アメリカ (12)	シンガポール (8)
10	三菱電機	電気機器	93	中国 (19)	タイ (12)	アメリカ (9)
13	リコー	電気機器	85	中国 (11)	アメリカ (8)	イギリス, オランダ (4)
13	日産自動車	輸送機器	85	中国 (10)	インド (5)	イギリス (5)
13	トヨタ自動車	輸送機器	85	中国 (20)	アメリカ (14)	タイ (5)
16	＊ 三菱ケミカル	化学	84	アメリカ (17)	中国 (14)	タイ, イギリス, 他 (8)
16	ソニーグループ	電気機器	84	アメリカ (42)	中国 (6)	イギリス (5)
18	ジェイテクト	機械	81	中国 (17)	アメリカ (10)	フランス (7)
19	オムロン	電気機器	77	中国 (11)	アメリカ (6)	オランダ (5)
20	＊ 大塚製薬	医薬品	76	アメリカ (19)	中国 (9)	フランス (8)
21	＊ 富士フイルム	化学	73	アメリカ (15)	中国 (7)	ドイツ (6)
22	アイシン	輸送機器	72	アメリカ (24)	中国 (20)	タイ (4)
22	HOYA	精密機器	72	中国 (9)	アメリカ (7)	オランダ (6)
22	＊ YKK	他製造業	72	中国 (9)	アメリカ (5)	シンガポール, ドイツ, 他 (3)
25	住友化学	化学	71	中国 (18)	アメリカ (9)	シンガポール (5)
25	コマツ	機械	71	アメリカ (12)	中国 (11)	タイ (6)
25	豊田自動織機	輸送機器	71	アメリカ (17)	中国 (7)	スウェーデン (6)
28	ブリヂストン	ゴム製品	70	中国 (13)	アメリカ (11)	タイ (7)
28	テルモ	精密機器	70	アメリカ (14)	中国 (6)	イギリス (4)
30	積水化学工業	化学	67	中国 (11)	タイ (11)	アメリカ (9)
31	神戸製鋼所	鉄鋼	66	中国 (19)	アメリカ (12)	タイ (9)
32	住友理工	ゴム製品	65	中国 (19)	タイ (6)	ドイツ, アメリカ, 他 (4)
33	ヤマハ発動機	輸送機器	64	中国 (10)	台湾 (6)	インドネシア, インド (6)

順位	会社名	業種	現地法人数（社）	上位進出国（現地法人数）		
				1位	2位	3位
34	AGC	ガラス・土石	63	中国　　（13）	アメリカ（11）	タイ　　　　（5）
35	横河電機	電気機器	62	中国　　（7）	オランダ（5）	マレーシア　（4）
35	＊ 日立Astemo	輸送機器	62	中国　　（14）	タイ　　（9）	インド, アメリカ, 他（5）
35	トプコン	精密機器	62	アメリカ（12）	シンガポール（5）	スペイン, イタリア,他（5）
38	NEC	電気機器	61	中国　　（9）	アメリカ（6）	イギリス　　（5）
38	セイコーエプソン	電気機器	61	中国　　（9）	アメリカ（6）	マレーシア,フィリピン,他（3）
40	花王	化学	60	中国　　（7）	アメリカ（6）	マレーシア, ドイツ（5）
40	クボタ	機械	60	中国　　（11）	アメリカ（10）	タイ　　　　（6）
40	シャープ	電気機器	60	中国　　（12）	イギリス（5）	タイ, ドイツ（4）
40	＊ 矢崎総業	電気機器	60	中国　　（12）	アメリカ（8）	タイ　　　　（5）
40	オリンパス	精密機器	60	アメリカ（8）	イギリス（6）	ドイツ　　　（6）
45	味の素	食料品	59	タイ　　（8）	中国　　（7）	アメリカ　　（7）
45	シスメックス	電気機器	59	ドイツ　（6）	アメリカ（5）	イギリス　　（4）
47	三菱重工業	機械	58	アメリカ（14）	中国　　（11）	タイ, インド（4）
47	NISSHA	他製造業	58	アメリカ（20）	ドイツ　（8）	フランス　　（6）
49	椿本チエイン	機械	57	アメリカ（10）	中国　　（9）	ドイツ　　　（4）
50	三井化学	化学	56	中国　　（14）	アメリカ（9）	韓国, タイ　（6）
50	トヨタ紡織	輸送機器	56	中国　　（15）	アメリカ（9）	タイ　　　　（8）
50	川崎重工業	輸送機器	56	中国　　（18）	アメリカ（7）	イギリス　　（4）
53	DIC	化学	55	中国　　（20）	台湾　　（4）	マレーシア, インド（4）
53	武田薬品工業	医薬品	55	アメリカ（8）	中国　　（3）	シンガポール（3）
53	OSG	機械	55	ドイツ　（8）	中国　　（6）	ベルギー, フランス,他（4）
56	ブラザー工業	電気機器	54	中国　　（6）	イギリス（5）	ベトナム　　（4）
56	いすゞ自動車	輸送機器	54	タイ　　（10）	中国　　（9）	アメリカ　　（5）
58	＊ イノアックコーポレーション	化学	53	中国　　（14）	タイ　　（10）	アメリカ　　（10）
58	バンダイナムコホールディングス	他製造業	53	中国　　（8）	アメリカ（6）	イギリス　　（5）
60	ニコン	精密機器	52	アメリカ（7）	中国　　（5）	イギリス　　（5）
61	ミネベアミツミ	電気機器	51	ドイツ　（9）	中国　　（8）	アメリカ　　（6）
62	マキタ	機械	49	イギリス（3）	アメリカ（3）	中国, ドイツ, 他（2）
63	日本製鉄	鉄鋼	48	アメリカ（13）	中国　　（12）	ブラジル　　（5）
63	荏原	機械	48	中国　　（9）	アメリカ（5）	韓国　　　　（3）

※＊印は未上場会社
※「会社別にみた現地法人編」本文中で, それぞれの日本企業の欄に掲載した現地法人数で集計。製造業の日本企業
　についてランキング。
出所：『海外進出企業総覧［会社別編］2021年版』（東洋経済新報社, 2021年）より引用。

索　引

163

【著者紹介】

高橋　浩夫（タカハシ　ヒロオ）

白鷗大学名誉教授・ブルガリア国立ソフィア大学客員教授，
経営学博士
多国籍企業学会・日本経営倫理学会名誉会員ほか
〔研究領域〕多国籍企業論，国際経営論，経営倫理

〔主要著書〕
『グローバル経営の組織戦略』同文舘出版，1991 年。
『研究開発のグローバル・ネットワーク』文眞堂，2000 年。
*The Challenge for Japanese Multinationals: Strategic Issues for
Global Management, Palgrave Macmillan, 2013.*
『戦略としてのビジネス倫理入門』丸善出版，2016 年。
『すべてはミルクから始まった―世界最大の食品・飲料会社「ネス
レ」の経営』同文舘出版，2019 年。
『"顧客・社員・社会"をつなぐ「我が信条」―SDGs を先取りす
る「ジョンソン・エンド・ジョンソン」の経営』同文舘出版，
2021 年。
『YKK のグローバル経営戦略―「善の巡環」とは何か』同文舘出
版，2022 年。
ほか多数。

2017 年 9 月 15 日　　初版発行
2021 年 9 月 15 日　　初版 3 刷発行
2023 年 1 月 5 日　　第 2 版発行
2024 年 3 月 10 日　　第 2 版 2 刷発行　　　略称：最新国際経営（2）

最新「国際経営」入門（第 2 版）

著　者　　Ⓒ 高　橋　浩　夫

発行者　　　中　島　豊　彦

発行所　同 文 舘 出 版 株 式 会 社
東京都千代田区神田神保町 1-41　　〒 101-0051
営業（03）3294-1801　　編集（03）3294-1803
振替 00100-8-42935　https://www.dobunkan.co.jp

Printed in Japan 2023　　　　　　　DTP：マーリンクレイン
印刷・製本：萩原印刷
装丁：㈱オセロ

ISBN978-4-495-39073-0